AF463717

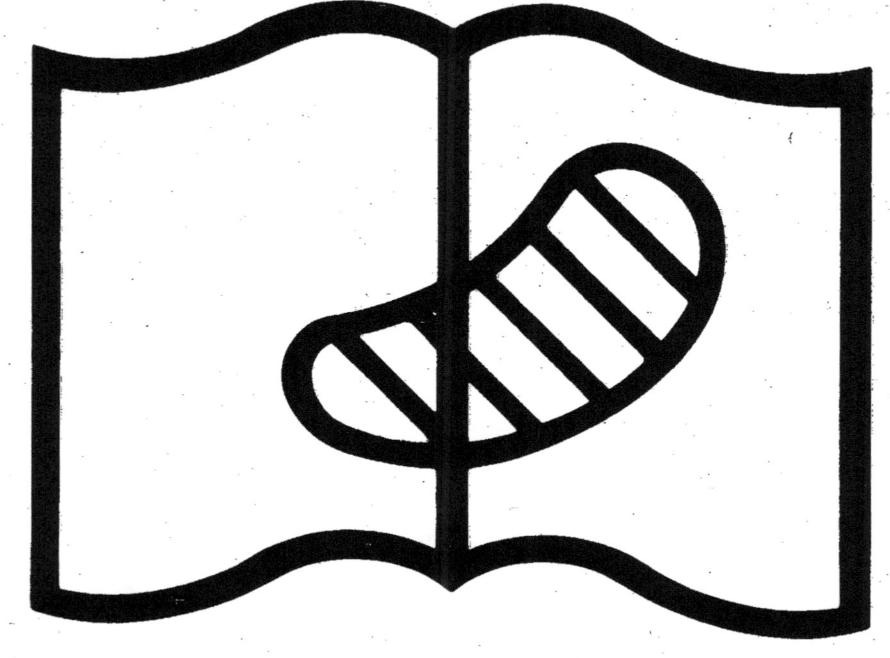

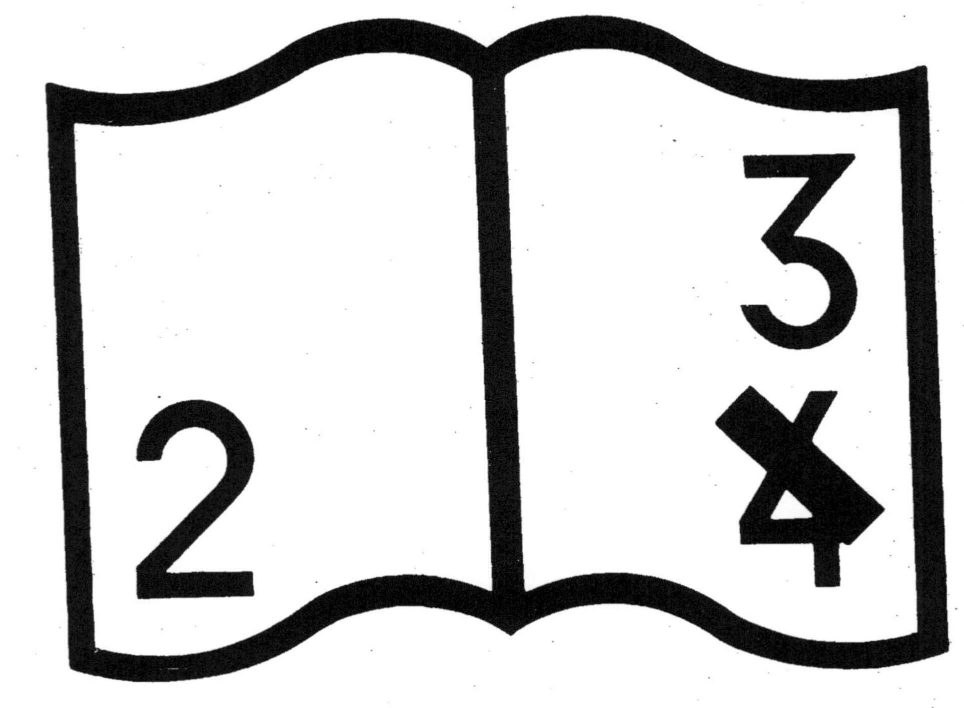

Pagination incorrecte — date incorrecte

NF Z 43-120-12

Un Clocher de là-bas (Dessin original de Hansi).

L'ALSACE

ET LA GUERRE

COLLECTION « LA FRANCE DÉVASTÉE »

Chaque volume broché, 2 fr. 75 ; cart., 4 fr.

I. — LES RÉGIONS

L'Alsace et la Guerre, par l'Abbé É. Wetterlé. Un vol. in-16 avec 6 planches et 2 cartes hors texte.

La Lorraine dévastée, par Maurice Barrès, de l'Académie française. Un vol. in-16 avec 8 planches et 1 carte hors texte.

Verdun et la Meuse, par Louis Madelin. Un vol. in-16 avec planches hors texte. (*Sous presse.*)

Reims dévastée, par Paul Adam. Un vol. in-16 avec planches hors texte. (*Sous presse.*)

L'Oise dévastée, par le baron André de Maricourt. Un vol. in-16 avec planches hors texte. (*Sous presse.*)

L'Aisne pendant la Grande Guerre, par Gabriel Hanotaux, de l'Académie française. Un vol. in-16 avec 6 planches et 1 carte hors texte.

La Somme dévastée, par Gaston Deschamps. Un vol. in-16 avec planches hors texte. (*Sous presse.*)

Arras et l'Artois dévastés, par André-M. de Poncheville. Un vol. in-16 avec planches hors texte. (*Sous presse.*)

La Flandre dévastée, par Henry Cochin, André-M. de Poncheville et Nicolas Bourgeois. Un vol. in-16 avec planches hors texte. (*Sous presse.*)

II. — LES FAITS

Rapatriés : 1915-1918, par Mlle Chaptal. Un vol. in-16 avec 7 planches hors texte.

En France et Belgique envahies. *Les Soirées de la C. R. B.*, par Mme Saint-René Taillandier. Un vol. in-16 avec 7 planches hors texte.

La grande pitié de la terre de France, par Gabriel Louis-Jaray, maître des requêtes au Conseil d'État. Un vol. in-16 avec planches hors texte. (*Sous presse.*)

COLLECTION « *LA FRANCE DÉVASTÉE* »

Dirigée par M. Gabriel LOUIS-JARAY

Série I : LES RÉGIONS

ABBÉ É. WETTERLÉ

L'ALSACE

ET LA GUERRE

Avec 6 planches et 3 cartes hors texte.

TROISIÈME ÉDITION

PARIS

LIBRAIRIE FÉLIX ALCAN

108, BOULEVARD SAINT-GERMAIN, 108

1919

AVANT-PROPOS

« L'Alsace et la guerre. » *On m'a proposé ce titre. Je l'ai accepté volontiers. Je parlerai donc de la guerre; pas seulement de celle qui a commencé en 1914, mais aussi de l'autre, de celle qui n'a cessé de ravager le pays depuis 1871.*

Pour les alliés les hostilités se sont ouvertes il y a cinq ans. Pour nous autres, annexés, elles durent depuis le jour où, contre notre volonté nettement exprimée, la brutalité du Prussien a fait de nous des Allemands par contrainte.

Ce fut une guerre parfois violente, souvent sournoise, toujours sans merci entre l'instinct libertaire d'une population profondément démocratique et un ennemi hautain, âpre au gain, sans pitié. On en racontera un jour la longue et poignante histoire. Je ne pourrai, au cours de nos promenades en Alsace, qu'en rappeler les principales péripéties. Cela suffira pour mettre en relief l'opposition absolue entre deux mentalités que ni le temps, ni les promesses, ni la violence ne pouvaient rapprocher.

Les savants de Germanie ont multiplié livres et brochures, thèses et fantaisies sur les origines germaniques de l'Alsace et sur les droits que leur con-

féraient sur notre province l'ethnographie, la langue, les coutumes, le développement historique du pays. Vains efforts. Les pires falsifications de leur érudition pesante ne pouvaient pas effacer le phénomène, que chacun pouvait constater du premier coup d'œil en parcourant le pays, l'opposition complète, irréductible, de tempéraments, de mœurs, de goûts, de caractères, entre le vainqueur et l'asservi, entre le Prussien et l'Alsacien.

Les « frères reconquis », comme les Allemands se plaisaient à nous dénommer tout en nous traitant comme des esclaves, n'avaient, quoi qu'on fît et quoi qu'on pût dire, aucun trait de famille commun avec leurs oppresseurs. Un Japonais et un Américain se ressembleraient davantage.

De là les innombrables incidents qui se produisirent au cours de quarante-quatre ans de domination allemande en Alsace. Il y eut peut-être, pendant cette longue période, quelques rapprochements sur le terrain des affaires. Sur celui du respect mutuel et de l'affection il n'y en eut jamais. En 1914, Alsaciens et Allemands étaient aussi étrangers les uns aux autres qu'en 1871. On vivait sous le même toit; mais on ne se connaissait pas, ou plutôt si, on se connaissait trop bien pour entretenir des relations d'amitié, ou même de simple courtoisie. On se querellait au contraire tous les jours dans les salons, dans l'escalier et à l'office.

La vraie guerre devait d'ailleurs, comme nous le verrons, faire éclater le conflit au grand jour. Pendant les quatre dernières années le martyre des Alsaciens atteignit les limites de la plus tragique horreur. L'Allemand voulut se venger bassement de ses déconvenues. Il se révéla ignoblement barbare dans la per-

sécution ouverte, comme il s'était montré ingénieusement cruel dans la persécution légale.

L'Alsace, en faisant à ses libérateurs l'accueil débordant d'enthousiasme, que l'on sait, étonna le monde par l'éclatante affirmation de sa fidélité à la France. La faillite de la germanisation avait donc été complète. A la première épreuve, le vernis allemand avait éclaté laissant reparaître sur l'âme alsacienne les trois couleurs d'autrefois, le bleu de la confiance, le blanc de la stabilité, le rouge de l'amour pour la vraie, la seule, l'immortelle Patrie.

É. WETTERLÉ.

Colmar, mai 1919.

L'ALSACE ET LA GUERRE

CHAPITRE PREMIER

L'ALSACE, SES SITES ET SES RICHESSES

L'Alsace est une vieille terre celtique. Les Germains ont essayé souvent, au cours des siècles, de s'y établir. La race primitive a toujours absorbé tous les envahisseurs. Celtes et Ligures, plus tard colonisés par les Gaulois et les Germains, voilà ce que nous trouvons entre les Vosges et le Rhin, dans la vallée fertile, qui marqua, de l'avis de tous les hommes d'Etat, depuis César jusqu'à Napoléon Ier, la limite naturelle de la Gaule et de la France.

Jusqu'en 814 l'Alsace, province unifiée sous un gouvernement ducal, formait une région homogène. Lorsqu'après le partage de l'empire de Charlemagne, elle échut à Lothaire et fut ainsi incorporée à l'empire germanique, elle sut sauvegarder son indépendance. Elle ne payait que vaguement une redevance à la Diète, était constamment en querelle avec les souverains auxquels elle sut arracher les plus larges franchises et continuait à rester en relations intimes avec la France, d'où elle tirait, avec sa richesse, les bienfaits de la civilisation latine. Pendant huit siècles son territoire, morcelé entre les seigneurs, dont les trois cents châteaux en ruines couronnent encore les Vosges, les évêques de Strasbourg et de Bâle, et les villes libres de la Décopole, elle lutta toujours avec ardeur pour son indépendance.

Détail curieux, les dix villes libres d'Alsace sont les plus anciennes républiques connues. A une époque, où le système féodal régnait partout, les citoyens de ces cités prospères avaient instauré chez eux des institutions démocratiques, comme les peuples modernes les plus libertaires ne les connaissent pas.

Avant 1648, les Alsaciens avaient déjà entamé des négociations avec la France pour se donner à elle. Le traité de Westphalie combla leurs vœux. Depuis cette époque, tant sous l'ancienne monarchie, que pendant la Révolution et sous l'Empire, ils donnèrent à la patrie de leur choix les preuves les plus éclatantes de leur dévouement et de leur affection. Aussi quand, après la guerre de 1870, ils furent rattachés de force au nouvel empire allemand, leur douleur s'exprima dans les termes les plus touchants. La protestation de leurs députés à Bordeaux en 1871, celle de leurs représentants au Reichstag en 1874, celle enfin de Jacques Preiss en 1897 resteront l'expression inoubliable de leurs regrets et de leurs espérances. Jamais, pendant les quarante-sept ans de leur exil, leur courage ne fléchit. Français ils avaient été, Français ils voulaient redevenir. Comme on le verra plus loin, les Allemands, en maîtres hargneux, devaient encore contribuer, par leur politique sauvage de répression, à augmenter l'amour des annexés pour la Patrie, momentanément absente de leurs foyers.

* * *

L'Alsace est un pays riche et prospère. Ses terres fertiles et admirablement cultivées donnent en abondance les céréales, le houblon, les fruits, le raisin, le chanvre. Son sous-sol renferme d'incomparables trésors : sels, pétroles, potasse.

Promenons-nous rapidement à travers ce petit pays si pittoresque et dont la population est si intelligente et si accueillante.

Venant de Lorraine, nous rencontrons d'abord la petite ville coquette de Saverne, blottie au pied de la montagne et que domine le vieux château du Hohbarr. Il vaut la peine de s'y arrêter car les souvenirs du passé y abondent et les monuments historiques y sont entretenus avec le plus grand soin.

Arrivons à Strasbourg, « la ville merveilleuse » (*die wunderschoene Stadt*), comme la qualifient les chansons allemandes. Les vieux quartiers, groupés autour de la cathédrale, ont gardé leur physionomie d'autrefois. On se croirait transporté dans une vieille cité du moyen âge, que les siècles ont respectée. Les maisons, aux poutrelles visibles, aux pignons pointus y abondent, les églises également. A chaque coin de rue, le visiteur éprouve une nouvelle surprise en découvrant les artistiques souvenirs d'un glorieux passé. Mais c'est surtout la cathédrale, l'œuvre prodigieuse d'Erwin de Steinbach, qui attire le touriste. Peu d'édifices religieux d'autrefois ont cette majesté harmonieuse et se présentent à nous dans un état aussi parfait de conservation, malgré les atteintes que portèrent à cette œuvre parfaite les sauvages assiégeants de 1870, qui méchamment bombardèrent et incendièrent le monument. Fines sculptures de la façade, travail ajouré de la tour, si svelte et si élégante, colonnades puissantes de la nef, tout contribue à donner à l'ensemble un caractère prodigieux de force et de grâce. Les orgues et l'horloge astronomique sont des chefs-d'œuvre de réputation mondiale.

Je ne dirai qu'un mot du palais des Rohan, construction remarquable du XVIIIe siècle, du monument du maréchal de Saxe dans l'église de Saint-Thomas. L'un et l'autre occupent une place de choix dans les guides.

Depuis 1871, les Allemands se sont appliqués à enlaidir Strasbourg. Nous trouvons l'architecture la plus bizarre dans les nouveaux quartiers, où ils s'étaient installés de préférence. L'ancien palais impérial, comme la gare, proclament le mauvais goût des conquérants barbares. Par contre l'Université a été richement dotée par eux. Ses énormes bâtiments, qui hospitalisent les laboratoires les plus riches et les cliniques les mieux aménagées, peuvent recevoir un nombre presque illimité d'étudiants. La France, qui a recueilli là un précieux héritage, compte bien en faire l'usage le plus utile et le plus noble. Elle y a envoyé ses maîtres les plus distingués et bientôt nous verrons se grouper, autour des chaires de ces professeurs renommés, non seulement les étudiants de France, mais encore ceux du Nouveau Monde, qui trouveront, sous cette savante direction et dans ce milieu éminemment suggestif, la meilleure formation intellectuelle. En effet Strasbourg se trouve au carrefour de deux civilisations, sans doute rivales, mais qui ne sauraient s'ignorer l'une l'autre et nulle part mieux que, dans son décor historique si varié, l'intelligence des jeunes Américains ne pourrait trouver la synthèse de la culture intellectuelle de la vieille Europe.

Strasbourg a une autre célébrité, d'un ordre moins élevé, mais plus succulent. Ses pâtés de foie gras sont appréciés par les gourmets du monde entier et sa choucroute jouit, elle aussi, d'une renommée universelle.

De la capitale de l'Alsace nous pouvons rayonner facilement vers Haguenau et Wissembourg, deux petites villes, au riche passé historique et aux nombreux monuments. Près de la dernière se sont livrées de nombreuses batailles. Le monument du Geisberg, œuvre du sculpteur Schultz, rappelle le souvenir des soldats français morts pour la patrie en 1870. Son érection donna lieu à des incidents tumultueux, peu d'années avant la grande guerre. C'est dans cette partie septentrionale de l'Alsace que se cultive surtout le houblon qui sert à fabriquer les célèbres bières de Schiltigheim.

Dans une autre direction le chemin de fer nous conduit à Molsheim et dans la vallée de la Bruche, si riche en sites pittoresques. De Molsheim nous pouvons bifurquer sur Obernai, au pied du mont Sainte-Odile. Quelle magnifique promenade que celle qui nous conduira au couvent, dont la silhouette domine, à 800 mètres d'altitude, toute la plaine d'Alsace et où les pèlerins viennent vénérer la patronne du pays.

A Schlestadt nous trouvons deux magnifiques églises, l'une romane, l'autre gothique, au milieu de rues contournées bordées par des maisons anciennes. Nous voilà à quelques kilomètres seulement du château de Hoch-Kœnigsbourg, ancienne ruine féodale, qu'un caprice de Guillaume II a restaurée et dont les constructions massives et inélégantes sont un attentat contre le bon goût et contre l'exactitude historique.

De ce castel modernisé nous descendons sur Ribeauvillé, le centre du vignoble alsacien. Les premiers contreforts des Vosges sont, sur presque toute leur longueur, plantés de vignes. On y trouve les crus les plus remarquables, le vin pétillant de Thann, le vin redoutable de Guebwiller, les vins capiteux et bouquetés de Kaysersberg, de Ribeauvillé, de Riquewihr, les petits vins légers, mais si agréables de Barr et de Molsheim. Les 20.000 hectares de vignes de l'Alsace produisent en moyenne 600.000 hectolitres par an. Les Allemands savaient apprécier ces excellents produits qu'ils achetaient, après les vendanges, pour les revendre, après traitement approprié, comme vins de la Moselle et du Rhin, à des prix très élevés. Les crus d'Alsace n'avaient rien à gagner à cette sophistication. Ils se recommandent d'eux-mêmes et ils gagneraient à être plus connus. Ribeauvillé, que les trois châteaux des anciens comtes de Ribeaupierre dominent, est une petite ville délicieuse, dont les vieilles maisons ont beaucoup de cachet et où la population la plus accueillante pratique vis-à-vis de l'étranger toutes les règles de l'hospitalité la plus plantureuse. Par une belle route carrossable on peut se rendre de là dans la station climatérique d'Aubure et au pèlerinage de Dusenbach, caché dans une petite vallée pleine d'ombre et de mystère.

Nous ne sommes plus qu'à quelques kilomètres de Colmar, la cité la plus curieuse de l'Alsace par son architecture archaïque et les innombrables souvenirs du passé qui se rencontrent à chaque pas dans ses rues étroites. Collégiale de Saint-Martin, construite au XIIIe siècle, Kaufhaus, ancien bâtiment des douanes, pittoresque construction de la Renaissance, maison Pfister, un joyau de l'art alsacien, loggia de la police, ancien bâtiment des corporations, cours colongères, autant de curiosités qui retiennent l'attention du visiteur. Dans le célèbre couvent des Unterlinden, dont le cloître est une merveille d'art gothique, nous trouvons le musée, dont les tableaux universellement connus de Martin Schœngauer et de Grunewald sont les trésors les plus appréciés. La vieille cité est entourée de villas modernes, qui lui font un cadre gracieux. De belles promenades et de luxueux jardins publics l'encadrent également et contribuent à son charme prenant. Pourquoi faut-il que les Allemands aient doté cette ville si aimable d'une gare qui est un vrai défi porté à la beauté, bien mieux, au bon sens? Décidément, partout où ils ont passé, ces barbares ont semé la laideur avec l'oppression.

Colmar est un centre merveilleux de tourisme. Des lignes de chemin de fer et de tramways relient la ville, dans toutes les directions, avec la plaine et la montagne. Par la riche vallée de Munster nous arrivons à la Schlucht, ce col désormais fameux, dans le voisinage duquel se sont livrés tant de combats et qui passe tout près du Hohneck, d'où le touriste émerveillé domine les deux versants des Vosges. Un tramway électrique permet, en passant par la jolie petite ville de Turckheim, d'atteindre les

Trois-Epis, pèlerinage renommé et station climatérique très recherchée pour la vue splendide qu'on a, de la terrasse de ses hôtels, sur le Rhin et la Forêt-Noire. La vallée de Kaysersberg nous mène jusqu'à Orbey et Lapoutroie, deux communes de montagnes, aussi connues par leurs excellents fromages que par l'air pur, embaumé par la résine des sapins, qu'on y respire. De l'autre côté, le chemin de fer de Fribourg nous conduit au Val d'Enfer. Est-il, dès lors, surprenant que le voyageur s'arrête longtemps à Colmar, où tant d'attraits variés le retiennent?

Par Rouffach, que domine l'élégant château moderne d'Isenburg et Guebwiller, une des villes les plus attachantes de la Haute-Alsace, nous entrons dans la fournaise industrielle de Mulhouse. Ici le pittoresque perd ses droits. C'est à peine si l'Hôtel de Ville retient un instant l'attention du touriste, amoureux de beauté. La cité présente de loin l'aspect d'une forêt de cheminées. Les tissages, les filatures, les ateliers de construction mécanique, les fabriques de soie artificielle se succèdent sans interruption au milieu des cités ouvrières modèles, créées par des industriels conscients de leur devoir social. Mulhouse est fière d'avoir, la première, créé les tissages mécaniques. Ses produits sont incomparables. C'est, en constatant la prodigieuse activité de cette ville créatrice de richesse qu'on comprend mieux la nécessité d'assurer à la France victorieuse le charbon, qui lui est indispensable pour alimenter ses puissantes machines. Pour la transformation des minettes de Lorraine en fonte et en acier et pour l'industrie textile de Mulhouse et de Sainte-Marie-aux-Mines, les deux provinces libérées du joug allemand absorbent annuellement 17 mil-

Photo A. Braun.

Guebwiller. — Vue générale.

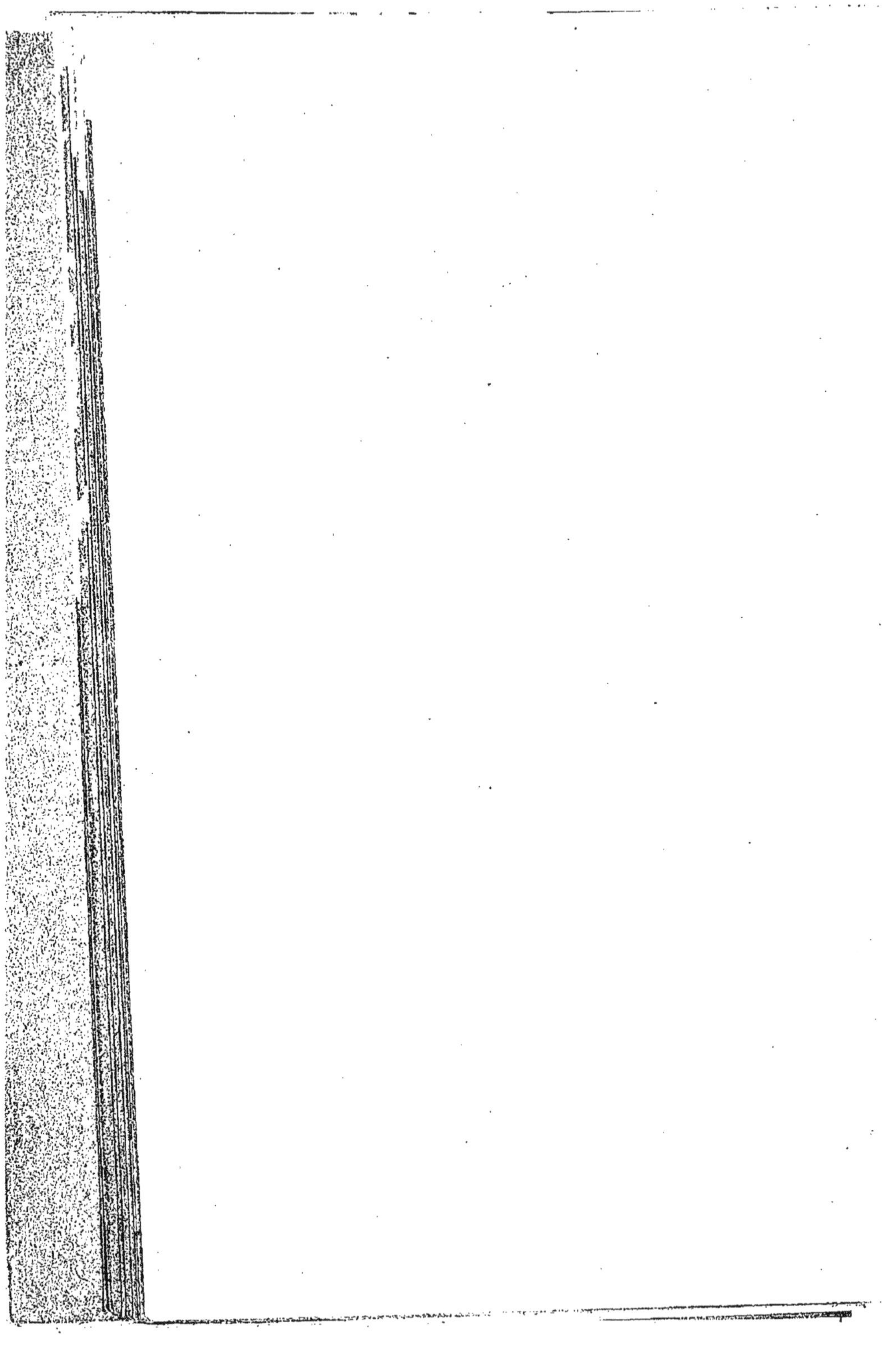

lions de tonnes de charbon. Or, déjà bien avant la guerre, le déficit en combustible de la France, était de 20 millions de tonnes et ce déficit s'est formidablement accru par suite de la destruction systématique par les Allemands des puits de mines du Nord de la France. Dans ces conditions l'Alsace et la Lorraine seraient devenues des propriétés onéreuses pour la grande Patrie, si celle-ci n'avait pas pu s'assurer la production des mines de charbon de la Sarre, soit 18 à 20 millions de tonnes.

A l'ouest et au sud de Mulhouse se trouvent les gisements de potasse, grâce auxquels le monopole de l'Allemagne prendra fin. Ces gisements, d'une richesse inouïe, ont été découverts, il y a une vingtaine d'années, par un prospecteur alsacien, du nom de Vogt qui, cherchant du charbon, rencontra, à une profondeur de 700 mètres environ, une couche uniforme de potasse (Kali) très épaisse, de beaucoup supérieure, comme pureté, à celle de Strassfurth. Le syndicat allemand des potasses s'était immédiatement assuré la propriété des concessions et il avait fait voter, par le Reichstag, une loi draconienne limitant la production, afin de mieux pouvoir maintenir ses prix d'exportation. L'Amérique est particulièrement intéressée à cette découverte et aux procédés d'extraction que la liberté d'exploitation dorénavant assurée permettra d'employer. Le monopole allemand a pris fin. Dorénavant la libre concurrence est rétablie et le client étranger y trouvera son compte, surtout quand le canal du Rhône au Rhin aura été approfondi et élargi et que les frais de transport de la potasse auront considérablement diminué. On estime à 50 à 60 milliards la valeur brut des gisements de la Haute-Alsace.

Il ne nous reste plus qu'à terminer notre rapide promenade en visitant la vallée industrieuse de Massevaux et de Wesserling. En passant nous nous arrêterons à Thann, bombardée pendant quatre ans par les canons allemands, et nous ferons l'ascension du Hartmannswillerkopf, qui fut témoin de combats héroïques et meurtriers. De là nous jetterons un dernier regard sur la plaine d'Alsace et à Belfort nous retrouverons les grandes lignes aboutissant d'un côté à Paris, de l'autre à Marseille.

Peu de pays ont comme l'Alsace la double attirance de la montagne, avec ses vignes et ses bois, et de la plaine, avec ses cultures variées. Il en est peu également où une agriculture très rémunératrice voisine avec une industrie aussi prospère et où les richesses du sous-sol égalent celles de la surface. En cette terre bénie nous trouvons tout ce qui peut plaire aux yeux et contribuer au bien-être des hommes. Les Allemands l'avaient compris et c'est pour cela qu'après avoir volé ce merveilleux jardin à la France, ils éprouvent une telle déconvenue en se voyant obligés à le rendre. Il nous reste à voir ce que ces barbares en avaient fait.

CHAPITRE II

LEURS PROCÉDÉS DE GOUVERNEMENT

« Réparation de l'injustice commise en 1871 vis-à-vis de la France. » C'est en ces termes que le président Wilson, dans ses fameuses propositions, parlait de la nécessité de rendre l'Alsace-Lorraine au pays auquel ces deux provinces avaient été arrachées, contre tout droit, par le militarisme prussien. L'événement s'est produit. Grâce à la vaillance des armées alliées, grâce à l'endurance des nations, qui s'étaient coalisées pour faire triompher le droit, l'Alsace et la Lorraine sont délivrées du joug allemand et elles ont longuement acclamé les soldats de toutes nationalités qui leur ont rendu la libre disposition de leurs destinées.

Ah ! que la tyrannie allemande leur fut pesante ! Les citoyens des pays libres ne sauraient se représenter ce que, pendant près d'un demi-siècle, les Alsaciens-Lorrains eurent à souffrir. Je ne rappellerai ici que les principales mesures d'exception que la barbarie du vainqueur imposa à ceux que, sans doute par dérision, il appelait « les frères reconquis ».

Dictature. — Jusqu'en 1902 le gouverneur ou Statthalter d'Alsace-Lorraine disposait de pouvoirs absolus. Il pouvait d'un trait de plume, sans contrôle et sans appel, supprimer les journaux, dissoudre les associations, expulser les citoyens, faire opérer des perquisitions de jour et de nuit, proclamer l'état de siège. Or les représentants de l'empereur firent un abondant usage de ces monstrueuses prérogatives. En 1888, le prince de Hohenlohe-Schillingsfurst, alors gouverneur du pays d'empire, marqua, dans ses mémoires, le déplaisir qu'il éprouva de se voir imposer, par le chancelier de Bismarck, une politique sauvage de répression : « Il semblait, écrivait-il sur ses tablettes, qu'on voulût pousser les Alsaciens-Lorrains à la révolte ouverte, afin qu'il fût possible de remplacer le pouvoir civil par la dictature militaire. » Jamais peuple civilisé ne fut soumis à un régime aussi cruel.

Permis de séjour. — Les Alsaciens-Lorrains qui, après avoir rempli toutes les formalités légales, s'étaient fait naturaliser dans des pays étrangers, ne pouvaient pas revenir dans leurs provinces d'origine sans s'être fait d'abord délivrer, par les autorités locales, un permis de séjour qui, très souvent et sans aucun motif, leur était refusé. Le cas n'était pas rare où on interdit ainsi à des hommes, contre lesquels aucun grief sérieux ne pouvait être formulé, d'assister aux derniers moments de leurs parents. Et ces actes de barbarie étaient froidement perpétrés en pleine paix vis-à-vis d'une population dont l'attitude fut toujours correcte. Les étrangers de toutes nationalités étaient soumis aux même formalités.

Passeports. — Après les élections protestataires de 1887, le gouvernement prussien crut encore devoir prendre des mesures plus rigoureuses. Nul étranger ne put plus pénétrer en Alsace-Lorraine sans avoir obtenu un passeport dans une ambassade allemande. Or ces pièces étaient presque toujours refusées par les diplomates de l'empire. Pendant cinq ans les deux provinces-martyres furent ainsi séparées du reste de l'univers.

Loi sur la presse. — L'empire allemand avait une loi sur la presse relativement libérale. Or seule l'Alsace-Lorraine était exclue du bénéfice de cette loi. Ses journaux étaient régis par la loi française de 1868. Pour les museler davantage on avait fait revivre d'anciennes ordonnances de 1635. Le colportage était interdit. Pour faire paraître un journal il fallait déposer un cautionnement. Tous les délits de presse relevaient de la juridiction des tribunaux correctionnels. La presse étrangère n'était que tolérée. Jusqu'en 1895, les journaux français passaient tous à la censure et ne pouvaient être vendus qu'après avoir été pourvus par les bureaux officiels d'un timbre en forme de fer à cheval, ce qui entraînait des retards de vingt-quatre heures et même de quarante-huit heures. Plus tard ils restèrent soumis à l'interdiction provisoire ou indéfinie. C'est ainsi que l'entrée en Alsace-Lorraine fut défendue, pendant plusieurs années, au *Matin* et à *la Croix*. Quand aux feuilles locales, leurs rédacteurs étaient constamment frappés d'amendes et de prison, quand d'aventure le Statthalter ne les supprimait pas, comme ce fut le cas pour l'*Union*, l'*Odilienblatt*, l'*Echo de Schiltigheim*, la *Colmarer Zeitung*, le *Mulhauser Volksblatt*.

Loi sur les associations. — Aucune association, même sportive, même de bienfaisance, ne pouvait être créée sans autorisation. Il fallait déposer les statuts et la liste de tous les membres à la direction du cercle. Les comptes rendus des séances, en langue allemande, devaient être constamment à la disposition des autorités administratives. A la moindre incartade, souvent sans qu'aucun grief eût pu être formulé, l'association était dissoute. Et cette législation féroce n'existait qu'en Alsace-Lorraine. Dans tous les Etats confédérés allemands, la plus grande liberté régnait. Seuls les annexés de 1871 subissaient cette limitation odieuse de leurs droits de citoyens.

Langue française. — Bien qu'une partie notable de la population des deux provinces parlât le français, comme sa langue maternelle et que, dans toutes les classes aisées de l'Alsace-Lorraine cette langue fût d'un usage courant, les Allemands avaient, dès la première heure, interdit l'enseignement du français dans les écoles. Ils ne devaient pas tarder à défendre encore l'emploi du français dans les réclames, annonces, enseignes des magasins. Ils allèrent jusqu'à s'opposer à ce que des inscriptions françaises fussent mises sur les tombes. C'était chez eux une hantise. Dans les rues, dans les restaurants ils injuriaient les passants ou les consommateurs qui s'entretenaient en langue française. Pendant la dernière guerre, ils firent mieux. Une parole française prononcée en public, ou même derrière des portes closes, entraînait des condamnations à huit et quinze jours de prison.

Cris et emblèmes séditieux. — Pendant les quarante-quatre ans, qui séparèrent la conclusion du traité de Francfort et la déclaration de guerre d'août 1914, l'ancienne loi française sur les cris et les emblèmes séditieux fut appliquée avec la dernière rigueur. Le port d'un ruban tricolore, le chant de la *Marseillaise* étaient punis de trois à six mois de prison. Or, par un singulier contraste, on ignorait cette législation féroce dans le reste de l'empire. Les Alsaciens-Lorrains pouvaient librement se livrer à des manifestations francophiles à Vieux-Brisach et à Kehl; mais, dès qu'ils repassaient le pont du Rhin, pour rentrer dans leur propre pays, ils retombaient sous le coup des ordonnances policières. Lorsque les livres de Hansi furent interdits dans les deux provinces annexées, il fut loisible aux Alsaciens-Lorrains d'aller les acheter dans le grand-duché de Bade, où le débit en resta autorisé. C'est ainsi que, partout et toujours, les malheureux avaient l'impression d'être traités comme des citoyens de deuxième classe dans l'empire.

Exclusion des fonctions publiques. — Dans leur propre pays, des Alsaciens-Lorrains n'arrivaient pas, ou n'arrivaient que très difficilement à occuper des postes importants dans les administrations publiques. Les Allemands immigrés considéraient les riches prébendes du fonctionnarisme comme des fiefs de famille. Tout indigène, qui voulait les en frustrer, était considéré comme un intrus et soumis à toutes les brimades. A part quelques très rares exceptions (MM. de Bulach et Pétri) aucun enfant du pays n'obtenait d'avancement sérieux. Il y avait donc opposition complète, irréductible, entre une administration composée presque exclusivement d'étrangers et un peuple, que ses maîtres ne comprenaient pas et ne voulaient pas comprendre. Deux populations vivaient ainsi côte à côte sans fusionner, l'une très imbue de sa supériorité et disposant de tous les pouvoirs, l'autre consciente de sa servitude et chaque jour plus impatiente du joug qu'on lui imposait.

Listes noires. — Le commissaire de police Stéphany nous révéla un jour l'existence des listes noires. Celles-ci, tenues à jour dans toutes les directions de cercle, étaient des nomenclatures de citoyens suspects. Il suffisait de déplaire à un gendarme, pour voir son nom figurer sur ces listes. Dans quel but accumulait-on ainsi les dossiers d'hommes presque toujours paisibles ? Nous verrons plus loin l'usage que les autorités militaires devaient faire de ces documents sans aucune valeur sérieuse, puisqu'ils n'étaient réunis que sur dénonciations anonymes.

Appauvrissement systématique. — Dès leur établissement en Alsace-Lorraine, les Allemands avaient décidé d'appauvrir les annexés. Toutes les grandes entreprises industrielles et commerciales furent assiégées par ceux que les indigènes avaient justement qualifiés de « faméliques ». A grand'peine les fabricants de Mulhouse et de Sainte-Marie-aux-Mines purent se défendre contre l'envahisseur. Par contre la plupart des richesses minières du sol furent accaparées par des sociétés allemandes, mines de fer et de charbon, gisements de potasse. En même temps le gros commerce passait entre les mains des Allemands. La tâche de ceux-ci était d'ailleurs facile, car le gouvernement leur réservait toutes les commandes, malgré la protestation des corps élus et de la presse indigène.

Régime politique. — L'Allemagne était une fédération d'Etats, dont l'autonomie avait été respectée par la Constitution de 1871. Seule l'Alsace-Lorraine, propriété collective de tous les princes confédérés, faisait exception. Bavarois, Wurtembergeois, Prussiens pouvaient s'administrer eux-mêmes. Les annexés de 1871 étaient administrés par des étrangers. Les Constitutions successives de 1879 et de 1911 leur furent octroyées par le Reichstag et le Conseil fédéral. Elles avaient un caractère essentiellement précaire et l'empire pouvait toujours, à sa convenance, leur retirer le semblant d'autonomie qu'il leur avait accordé. C'était l'empereur allemand qui, par délégation des princes, exerçait le pouvoir souverain en Alsace-Lorraine. Il nommait et révoquait le gouverneur et les membres du ministère. Jusqu'en 1911 les lois locales, votées par le parlement-croupion de Strasbourg, devaient être approuvées par le Bundesrath de l'empire. Le souverain délégué avait un pouvoir de veto absolu. Même quand les Chambres d'Alsace-Lorraine furent débarrassées de la tutelle du Conseil fédéral, l'empereur pouvait encore se passer de leur concours, puisque la « Constitution » l'autorisait à les ajourner indéfiniment et à promulguer des ordonnances ayant force de lois.

Glacis. — Pourquoi toutes ces mesures restrictives qui devaient entretenir, dans la population alsacienne-lorraine, et un regret cuisant du passé et l'espoir des prochaines délivrances ? Bismarck nous l'a dit. L'Allemagne n'a jamais considéré les deux provinces conquises que comme le « glacis », la zone militaire de l'empire. Il eût semblé logique, en 1871, de rattacher les nouveaux territoires aux Etats voisins, la Haute-Alsace au grand-duché de Bade, la Basse-Alsace à la Bavière, la Lorraine à la Prusse. Bismarck et Moltke préférèrent les livrer, d'un tenant, à l'état-major général des armées, afin que celui-ci pût y prendre, sans contrôle des Etats, toutes les mesures jugées par lui nécessaires pour préparer la prochaine guerre contre la France. Dès lors il fallait également que la population, hostile à l'Allemagne, qui occupait le glacis de la forteresse germanique, fût privée de tous droits et soumise aux mesures les plus rigoureuses. Le fondateur de l'empire poursuivait d'ailleurs un autre but en faisant de l'Alsace-Lorraine la propriété des princes confédérés. Les deux nouvelles provinces formaient ainsi le ciment de l'unité allemande et elles établissaient entre les Etats la complicité du crime commis en commun contre le droit des gens.

Il me serait encore facile de m'étendre sur le sujet que je ne viens d'esquisser qu'à grandes lignes. Je pourrais signaler les abus de pouvoir individuels des fonctionnaires immigrés, l'impunité presque absolue qui leur était assurée par des supérieurs solidaires de leurs actes tyranniques, les mille petites persécutions locales dont les indigènes étaient victimes, par exemple l'obligation de pavoiser, même les immeubles privés, les jours de fêtes nationales, l'interdiction opposée aux parents qui voulaient envoyer leurs enfants dans des maisons d'éducation étrangère, la création de sociétés patriotiques, comme celles des vétérans de l'armée, où les indigènes étaient, pour ainsi dire, inscrits d'office, le perpétuel cambriolage des consciences, la discorde mise dans les familles, l'éhontée pression officielle dans les élections, que sais-je encore? Pendant ces quarante-quatre années de paix armée l'Alsace-Lorraine eut à subir toutes les tyrannies. Aucune épreuve matérielle et morale ne lui fut épargnée par des maîtres sans pitié. Est-il dès lors surprenant que cette politique de germanisation brutale ait fait complètement faillite et qu'en 1918 la France ait retrouvé, entre les Vosges et le Rhin, une population qui ne l'avait pas oubliée, mais qui, au contraire, l'aimait de tout son cœur et à cause du souvenir de ses bienfaits passés et encore davantage à cause des souffrances imméritées qu'elle avait dû endurer pendant le long exil ?

CHAPITRE III

LES AUTONOMISTES

Obligé de vivre sous la férule de l'Allemand, l'Alsacien, bien qu'il soit, par penchant naturel, honnête jusqu'au scrupule et franc jusqu'à la rudesse, avait dû mettre une sourdine à l'expression de ses sentiments intimes, trouver mille formules compliquées pour exprimer ses préférences nationales, vivre, pour ainsi dire, en partie double, affichant la résignation dans les manifestations extérieures de ses opinions, réservant à ses seuls amis le privilège de jeter un regard indiscret dans sa conscience.

L'opposition ouverte, violente, il l'avait pratiquée les premières années qui suivirent l'annexion. Plus tard, il avait dû reconnaître que la protestation stérile faisait le jeu de ses oppresseurs, qui en prenaient prétexte pour rendre leur joug chaque jour plus lourd.

Il avait donc fallu trouver une solution intermédiaire, qui permît aux Français d'Alsace-Lorraine de conquérir, dans le cadre de la constitution de l'empire, les libertés dont ils comptaient faire le plus judicieux usage, et, du même coup, de sauvegarder les traditions historiques et les aspirations nationales de la population indigène.

C'est ainsi que devait naître le parti autonomiste, ce parti qui fut d'abord celui des ralliés, qui, plus tard, devint celui des protestataires.

A l'étranger, on s'est complètement abusé sur la signification de cette évolution purement apparente. Que de fois n'ai-je pas entendu des observateurs superficiels en tirer les conclusions, pour nous les plus inattendues : « L'Alsace-Lorraine ne demande plus qu'une autonomie semblable à celle des États de la Confédération germanique. Elle sera parfaitement satisfaite de son sort nouveau, le jour où elle l'aura enfin obtenue. »

Rien de plus inexact. Les Allemands, qui pourtant sont des psychologues détestables, ne commettaient pas cette grossière erreur. Ils savaient fort bien que nous souhaitions de nous gouverner nous-mêmes, uniquement pour pouvoir nous soustraire à l'emprise germanique. S'ils avaient eu confiance dans notre loyalisme, peut-être se seraient-ils décidés à relâcher un peu les liens qui nous enserraient.

Pour nous, la lutte pour l'autonomie nous permettait d'évoluer librement. Deux hypothèses se présentaient en effet devant nous : ou bien, l'empire, désireux d'écarter enfin la question d'Alsace-Lorraine, nous permettrait de former un État indépendant, et alors nous profiterions des libertés conquises pour renouer la chaîne de nos traditions françaises ; ou bien, il opposerait à nos justes revendications une fin de non-recevoir absolue, et alors nous pourrions arguer de son refus pour entretenir dans notre population un esprit d'opposition irréductible, tout en ne sortant pas des voies légales.

L'Allemagne était ainsi acculée, par les autonomistes, à un dilemme dont les deux termes étaient également dangereux pour elle : accorder aux annexés une indépendance dont elle prévoyait qu'ils abuseraient, s'obstiner à la leur refuser, et augmenter ainsi l'hostilité des provinces frontières.

Est-il dès lors surprenant que, dans les feuilles d'outre-Rhin, les autonomistes de la nouvelle école fussent constamment traités de *verkappte Protestler* (protestataires maquillés) ?

Nous jouions, comme on dit vulgairement, sur le velours, surtout étant donné que la lourdeur d'esprit de nos adversaires prêtait le flanc à toutes les fantaisies d'une polémique souvent ardente, plus souvent narquoise. Tant que la protestation s'était étalée ouvertement, la brutalité allemande trouvait en elle le prétexte et l'excuse de ses lois d'exception et de ses mesures de rigueur. Du jour où les Alsaciens-Lorrains, se plaçant sur le terrain du fait accompli, sans d'ailleurs consentir à l'accepter, demandèrent à leurs maîtres de tirer les conclusions logiques de cette nouvelle attitude, il devint beaucoup plus difficile de les maintenir en dehors du droit commun.

Je le sais, d'aucuns eussent préféré, en France, que l'Alsace-Lorraine maintînt la politique boudeuse de ce que j'appellerai la « période héroïque », de cette période qui va de 1871 à 1888. D'autres eussent peut-être désiré, sans d'ailleurs vouloir en convenir, que la population des provinces annexées se résignât définitivement à son malheureux sort. La vérité était entre les vœux excessifs, outranciers, des uns et des autres.

L'Alsace-Lorraine ne voulait pas mourir, elle voulait rester elle-même, pour qu'au jour des réparations espérées et attendues, la France la retrouvât telle qu'elle était au lendemain de l'année terrible. Or, pour cela, il fallait à tout prix donner à notre opposition des bases légales, qui pussent paralyser l'action des pangermanistes, tout en permettant au sentiment populaire de s'exprimer ouvertement. Il fallait de plus, que les intérêts matériels du pays fussent sauvegardés, car un peuple qui s'appauvrit perd facilement le goût de la politique militante.

L'Alsace-Lorraine faisant partie, de gré ou de force, d'un grand organisme étatique, dont toutes les crises intérieures avaient un contre-coup sur son bien-être, sur sa santé physique et morale, ne pouvait pas à la longue se désintéresser complètement de la législation allemande.

Nous collaborions donc à la confection des lois d'empire et des lois particulières à notre petit pays, avec la seule préoccupation d'élargir notre indépendance et d'augmenter notre richesse. Ajouterai-je que cette collaboration ne fut pas toujours du goût des Allemands, car, tant à Berlin qu'à Strasbourg, nos voix allaient presque toujours renforcer celles de l'opposition. Les députés d'Alsace-Lorraine refusaient constamment les crédits militaires. Dans toutes les questions de politique proprement dite, ils votaient obstinément avec les partis de gauche et d'extrême-gauche. Ils ne consentaient à soutenir la majorité que dans les problèmes économiques, dont la solution intéressait leurs provinces au même titre que les Etats de la Confédération.

Cette attitude était, je le reconnais, quelque peu déconcertante pour ceux qui réduisaient la question d'Alsace-Lorraine à sa plus simple expression :

« Les annexés sont-ils, oui ou non, et dans la même mesure, encore aussi Français qu'en 1871 ? »

Ils l'étaient à leur manière, la seule qui pût donner des résultats pratiques. Sans doute, pour les compositeurs de complaintes et de romances, les deux sœurs coiffées de petits bonnets de crêpe, serrées l'une contre l'autre, comme des orphelines inconsolables, et contemplant de leurs yeux voilés de larmes le poteau frontière qui les séparait de la mère tendrement aimée, se prêtaient davantage à des compositions attendrissantes et pleurnichardes.

Or, les Alsaciens-Lorrains n'ont rien, dans leur tempérament sérieux, pratique, réfléchi et aussi quelque peu batailleur, de ces personnages larmoyants de mélodrame. Ils sont avant tout agissants. Leur douleur fut immense, quand on les sépara de leur vraie, de leur seule patrie ; mais ils ne se bornèrent pas à se lamenter, ils acceptèrent bravement la lutte contre l'annexeur, et cette lutte ils la menèrent vivement pendant près d'un demi-siècle.

Peut-être les poètes élégiaques ne trouveront-ils pas leur compte à cette constatation ; mais les esprits rassis, ceux qui ne confondent pas le sentiment profond avec ses manifestations enfantines, s'en accommoderont plus facilement.

Strasbourg. — La Cathédrale.

CHAPITRE IV

L'AFFAIRE DE SAVERNE

On a eu raison de considérer l'affaire de Saverne comme le drame le plus sombre et le plus menaçant, comme le premier acte de guerre de l'Allemagne militariste. Ses péripéties tragiques préparèrent la dernière capitulation de la démocratie allemande devant l'état-major général des armées, qui voulait le conflit après l'avoir longuement préparé. Sa conclusion marqua le triomphe éclatant du militarisme prussien. Pendant quelques semaines, l'âme du peuple allemand avait eu un dernier soubresaut d'inquiétude et de dégoût et avait essayé de réagir contre la domination des généraux. Quand elle comprit son impuissance, elle se résigna enfin aux pires abdications et ne s'opposa plus aux folles entreprises du pangermanisme. Le sort en était jeté. La paix du monde était dorénavant à la merci du moindre incident.

Il est nécessaire, en notre temps qui oublie si vite, de rappeler cette grave et décisive tragédie.

C'est dans une atmosphère déjà surchauffée par la multiplicité inattendue des malentendus nationaux qu'éclata l'affaire de Saverne. Toute l'Europe fut secouée par les échos de la tempête. Et pourtant le fait matériel qui l'avait provoquée semblait bien mince.

Au mois d'octobre 1913 un jeune officier, le lieutenant von Forstner, du 79e d'infanterie, avait, au cours d'une instruction, traité les recrues alsaciennes de « Wackes » (voyous, vagabonds) et promis une récompense de 10 marcs à tout soldat qui lui « apporterait la peau d'un de ces voyous ». Le sous-officier, présent à la théorie, avait déclaré : « Et moi, j'y ajouterai 3 marcs. »

On apprenait du même coup que le lieutenant von Forstner obligeait les soldats alsaciens à se présenter à lui en disant : « Je suis un voyou. »

Mis au courant de ces stupides provocations par des soldats indigènes, le journal l'*Elsässer* et une feuille locale de Saverne publièrent de violentes protestations.

L'autorité militaire essaya d'abord d'opposer un démenti embarrassé aux articles des deux journaux, qui avaient été reproduits par toute la presse allemande. L'*Elsässer* infirma ce démenti en certifiant qu'il possédait une déclaration signée par un sous-officier et huit hommes de la compagnie à laquelle appartenait le lieutenant von Forstner. En même temps on apprenait que le jeune officier, un gamin imberbe de vingt ans, s'était permis, devant ses hommes, de tenir les propos suivants : « Les déserteurs, qui s'engagent dans la Légion étrangère, n'ont pas d'autre honneur que de servir sous les plis du drapeau français. A mon avis, vous pouvez ch... sur le drapeau français. »

Ici une parenthèse. Le lieutenant von Forstner semblait avoir atteint une certaine virtuosité dans « l'art » des stercoraires. Pendant les manœuvres d'automne de son bataillon il avait passé une nuit chez l'habitant et avait laissé, dans son lit, cette carte de visite malodorante que, depuis le mois d'août 1914, tant de ses collègues ont déposée dans toutes les maisons des pays envahis. Le fait était connu. Lorsqu'éclata le scandale de Saverne, les gamins de la ville s'en souvinrent à propos et ils se firent un malin plaisir de suivre partout le jeune sous-lieutenant, en criant « à la chienlit ». Ils s'amusaient encore, lorsque l'officier se promenait dans la rue, à échanger les propos suivants : « Hé la! dis-moi combien vaut la peau d'un Alsacien? — Dix marcs. »

Tandis que, dans la presse, les polémiques s'envenimaient, l'agitation croissait à Saverne. Bien que les autorités civiles eussent engagé les habitants au calme, et que les instituteurs eussent menacé les enfants des punitions les plus sévères, le lieutenant von Forstner ne pouvait plus sortir de chez lui qu'accompagné de quatre soldats, baïonnette au canon. C'est avec cette escorte ridicule qu'il allait faire ses emplettes dans les magasins, toujours poursuivi par les quolibets des gamins.

Il eût été facile de mettre un terme à tout ce vacarme en éloignant l'officier qui avait bassement et sottement injurié la population. Le colonel von Reutter, un hobereau inintelligent et loufoque, préféra provoquer un grave conflit. Son intervention brutale allait poser devant toute l'Allemagne le problème de la prépondérance des autorités militaires sur les autorités civiles. Dans la nuit du dimanche 9 novembre au lundi 10, le lieutenant von Forstner avait été littéralement assiégé dans son logement par une foule houleuse. Le sous-préfet, M. Mahl, et le maire-député, M. Knoepfler, voyant que la police était débordée, avaient fait appel aux pompiers. Quand ceux-ci voulurent mettre leurs pompes en batterie pour refouler les manifestants, il se trouva que les tuyaux avaient été sectionnés par des inconnus. Néanmoins la foule s'écoula lentement et l'ordre fut rétabi.

Or, le colonel von Reutter, sans attendre la réquisition des autorités civiles, avait fait circuler en ville des patrouilles de soldats, munis de cartouches à balles et fait préparer plusieurs mitrailleuses dans la cour de la caserne.

Le Kreisdirector de Saverne s'était mis immédiatement en communication téléphonique avec le sous-secrétaire d'Etat à l'intérieur, M. Mandel, tandis que le colonel von Reutter faisait approuver ses dispositions de combat par le général von Deimling. Une explication orageuse eut lieu entre le ministre et le général au cours du dîner auquel ils assistaient tous deux, ce soir-là, à Strasbourg.

Entre temps Saverne, ville paisible et dont les habitants passaient pour être ralliés au nouveau régime, vivait en une fièvre perpétuelle. Tous les grands journaux d'Allemagne et de l'étranger y avaient envoyé leurs meilleurs reporters et les comptes rendus, diversement colorés qu'ils publiaient, ne faisaient que rendre le conflit plus violent. Dans toute l'Alsace-Lorraine des réunions s'organisaient pour exiger des réparations. L'agitation s'étendait. A Metz une arrestation arbitraire de noctambules par une patrouille provoqua un commencement d'émeute. A Strasbourg plusieurs civils furent blessés dans une rixe avec des militaires, à Colmar également.

Toute l'Allemagne suivait avec une anxiété croissante les péripéties de ce drame national. Le gouvernement de Berlin avait cru pouvoir écarter un long débat au Reichstag en se faisant poser « une petite question » au commencement de la séance du 28 novembre. Or, ce jour-là même, de nouveaux et plus graves événements se déroulaient à Saverne. Quelques gamins ayant de nouveau crié « à la chienlit » sur la place du château, au moment où passait le lieutenant von Forstner, un camarade de celui-ci, le lieutenant Schadt, appela le corps de garde de la caserne, qui sortit en armes. Le colonel von Reutter, immédiatement prévenu, organisa une véritable chasse à l'homme dans les rues de Saverne. Vingt-neuf personnes furent arrêtées sans motif, au simple hasard. Les soldats pénétrèrent dans plusieurs maisons privées. Le procureur et des juges du tribunal civil furent, pendant plusieurs heures, enfermés dans la caserne. Les autres « délinquants » passèrent la nuit dans une cave humide, sans qu'on les eût soumis à un interrogatoire.

Cette fois la mesure était pleine. Toute la presse protesta contre ces violations flagrantes des libertés publiques. Une interpellation fut faite au Reichstag. Hormis les conservateurs, tous les partis prirent nettement position contre les autorités militaires, faiblement défendues par le chancelier. Celui-ci s'était rendu, la veille, à Donaueschingen, où se trouvait l'empereur et où il avait rencontré le Statthalter d'Alsace-Lorraine, comte de Wedel, appelé d'urgence auprès du souverain. Il sembla d'abord que Guillaume II voulût réprimer les abus de pouvoir de ses officiers. La motion de blâme votée par le Reichstag avait cependant mis le parti militaire en fureur. Les civils voulaient tenter une *Kraftprobe* (un essai de force). Fort bien ! Le ministre de la guerre acceptait la lutte. Si le chancelier ne capitulait pas, on le ferait sauter. En attendant, les tribunaux militaires allaient entrer en scène.

Le lieutenant von Forstner avait d'abord été condamné à quarante-trois jours d'arrêt. En appel, il fut acquitté, ainsi que le colonel von Reutter et le lieutenant Schadt. En même temps le préfet de police de Berlin publiait, dans la *Gazette de la Croix*, une lettre dans laquelle, constatant que les officiers en garnison dans les provinces annexées servaient « en pays presque ennemi », il ajoutait : « Les exercices militaires relèvent du pouvoir souverain. Si on veut les contrarier par des obstacles, comme le cas s'est produit à Dettwiller, la suppression de ces obstacles relève également du pouvoir souverain. Un acte du souverain ne saurait être passible de sanctions judiciaires. Par suite, le lieutenant von Forstner ne devait pas être accusé, encore moins condamné. Si l'état de notre legislation était autre, une prompte revision s'imposerait. »

Or, que s'était-il passé à Dettwiller ? Le 2 décembre, à la veille des débats du Reichstag, von Forstner traversait, à la tête d'un détachement, la rue principale du village, lorsque des enfants lui décochèrent l'injure coutumière. Le lieutenant lança immédiatement ses soldats à la poursuite des enfants, qui ne purent être arrêtés. Par contre on amena devant l'officier un garçon cordonnier, infirme et boitillant. Von Forstner, tandis que ses hommes tenaient solidement les bras du malheureux, tira son sabre et en asséna plusieurs coups sur la tête du jeune homme, qui s'affaissa ensanglanté. Voilà l'acte que M. de Jagow considérait comme « un acte de souverain » dont les tribunaux n'avaient pas à connaître.

On apprenait en même temps que le Kronprinz avait envoyé au colonel von Reutter une dépêche de félicitations, où on trouvait ces mots : « *Nur feste druf !* » (tapez dur) !

Bientôt tout le débat dévia. Le colonel de Saverne n'avait fait qu'appliquer une ordonnance du cabinet militaire prussien du 17 octobre 1820, qui prescrit aux commandants de troupe d'intervenir « lorsqu'ils ont, en leur âme et conscience, l'intime conviction que les pouvoirs civils tardent trop à leur adresser une réquisition ».

En admettant même que cette ordonnance eût encore force de loi en Prusse, elle ne pouvait évidemment pas être appliquée dans les autres Etats, comme le ministre bavarois de la guerre devait le faire remarquer, quelques jours plus tard, devant la Chambre munichoise.

Néanmoins, quand un nouveau débat s'engagea au Reichstag, au mois de janvier, le chancelier capitula devant le ministre de la guerre, général von Falkenhayn, qui eut l'audace, devant la représentation populaire, de faire un éloge dithyrambique du lieutenant prussien, ce demi-dieu auquel tout est permis. Jamais assemblée populaire ne fut traitée avec un si souverain mépris. Jamais parlement n'accepta, avec tant de résignation, les impertinences d'un énergumène. C'est à peine si l'extrême-gauche réagit contre les brutales affirmations du général. Tous les autres partis s'inclinèrent. Le militarisme prussien avait définitivement gagné la grande bataille.

Cependant l'agitation croissait en Alsace-Lorraine. Quand le Landtag se réunit, une interpellation fut immédiatement déposée. Les débats furent extrêmement orageux. Ce qui leur imprima un caractère anormal, ce fut l'attitude du gouvernement. Le secrétaire d'Etat, M. de Bulach, essaya, comme toujours, de plaisanter; mais il dut quand même exprimer un blâme sévère à l'adresse des officiers de Saverne. Quant aux sous-secrétaires, MM. Pétri et Mandel, ils surprirent le parlement par leurs déclarations énergiques. Les deux hommes d'Etat savaient, sans aucun doute, que l'empereur les avait sacrifiés aux rancunes du parti militaire. Ils voulaient tomber en beauté. Les députés, agréablement surpris, ne ménagèrent par leurs marques d'approbation aux deux orateurs du gouvernement. Phénomène curieux, même la Chambre haute s'associa à la protestation des députés.

Au rez-de-chaussée du palais de la place impériale, on avait voté une motion « flétrissant l'injure faite à la population et demandant une délimitation légale des pouvoirs conformément aux idées modernes ». Au premier étage (Sénat), la résolution votée, presque à l'unanimité, affirmait « que les regrettables incidents auraient pu être évités, si l'attitude indigne, injurieuse et provocante d'un jeune officier avait été immédiatement et publiquement blâmée par ses supérieurs », et flétrissant « la manière inouïe dont le colonel von Reutter avait violé tout sentiment du droit ».

Comme l'affaire de Grafenstaden, celle de Saverne

avait fait ainsi revivre l'esprit d'opposition irréductible, non seulement dans la population, mais encore au parlement. Il faut avoir vécu ces jours agités dans les couloirs du Landtag d'Alsace-Lorraine, pour se rendre compte de l'irritation profonde que l'outrecuidance militaire avait provoquée, même chez les députés ralliés à l'Allemagne. Et cette irritation, dépassant son premier objet, le militarisme prussien, remontait jusqu'au germanisme en général.

Dans tout le pays la vieille Fronde s'était réveillée. Dans les rues, immigrés et indigènes se mesuraient de nouveau du regard et échangeaient des propos discourtois. Une fois de plus la sauvagerie allemande avait fait l'union sacrée.

Le 28 janvier nous apprenions que M. de Bulach était démissionnaire et que MM. Mandel et Pétri le suivaient dans sa retraite. Il y eut à ce moment un certain désarroi dans les milieux parlementaires. Le parti des généraux et des pangermanistes triomphait sur toute la ligne. Qu'allait-il sortir pour nous de cette crise intérieure ? Nos dernières libertés semblaient compromises. Quelques jours se passèrent dans l'attente.

Le Dr Ricklin, président de la seconde Chambre, nous avait fait une étrange confidence. Au cours d'un dîner officiel, il s'était trouvé assis à côté du chef du cabinet civil de l'empereur, M. de Valentini. Or le président nous avoua qu'il avait dit à l'Eminence grise du souverain : « Envoyez-nous donc de braves hobereaux de l'Est. C'est encore avec ces hommes énergiques que nous nous entendrons le mieux. » Ricklin, qui avait gardé de M. de Kœller le meilleur souvenir, s'imaginait peut-être que de Berlin nous viendrait un nouveau ministère de conciliation. Peut-être aussi (car à cette époque, son évolution dans le sens du germanisme militant était déjà complète) espérait-il qu'un gouvernement brutal lui permettrait de se débarrasser plus rapidement de l'opposition nationaliste dans son propre parti. Toujours est-il que ses conseils furent suivis au pied de la lettre.

Nous apprenions en effet bientôt que M. de Bulach était remplacé par M. de Rœdern.

Le Statthalter, comte de Wedel, restait provisoirement à son poste. On avait voulu ménager la transition. Depuis qu'il avait donné des gages au parti militaire, on savait d'ailleurs qu'il contresignerait, les yeux fermés, toutes les ordonnances venues de Berlin. Triste fin de carrière d'un homme qui, d'abord, avait, par son amabilité souriante et l'évidente bonne volonté qu'il avait mise à gagner la sympathie des annexés, fait naître chez ceux-ci les plus grandes espérances ! Le délai de grâce accordé au Statthalter ne fut d'ailleurs que de courte durée. Quelques mois après la grande crise de janvier, M. de Wedel, malgré toutes ses capitulations successives, fut, à son tour, invité à donner sa démission et il fut remplacé par un nobliau sans éclat, M. de Dallwitz. La série des Statthalters grands seigneurs avait pris fin. L'Alsace-Lorraine qui, plus que jamais, aspirait à l'autonomie étatique, devenait une simple province prussienne, puisqu'on lui imposait, comme gouverneur, un fonctionnaire de nom presque inconnu. A Strasbourg, le vrai maître était dorénavant le général von Deimling, délégué de l'état-major général de l'armée.

Les pangermanistes relevèrent immédiatement la

tête. La *Strassburger Post* et la *Metzer Zeitung* reprirent leurs impertinences et leurs dénonciations. L'air devint irrespirable dans un pays désormais livré, sans défense, à l'arbitraire des pangermanistes.

CHAPITRE V

LEUR PREMIER ACTE DE GUERRE

Les Allemands ont toujours prétendu qu'ils n'avaient pas violé la frontière avant l'ouverture officielle des hostilités. Or, voici le récit que j'ai découvert dans l'*Elsässer Kurier*, publié à Colmar pendant la guerre et où, à propos de l'anniversaire des engagements du mois d'août 1914, un combattant rappelait comment, dès le 2 août, avant donc que la déclaration de guerre de l'Allemagne à la France eût été remise à M. Bienvenu-Martin par l'ambassadeur, M. de Schoen, une patrouille de cavalerie pénétra, *sur ordre*, en territoire français et y commit de véritables assassinats.

Je traduis textuellement :

« Déjà depuis le 28 juillet, quelques escadrons de cavalerie auxquels s'étaient jointes les troupes badoises, chargées de la surveillance de la porte de Bourgogne, de la frontière suisse jusqu'aux Vosges, avaient occupé leurs positions de combat et se trouvaient à quelques centaines de mètres des Français, qui avaient été mobilisés, en partie, déjà auparavant.

« Tout le monde savait que la supériorité numérique de l'ennemi était grande. Néanmoins, chacun, dans l'insécurité des jours et des nuits, brûlait du désir de prendre contact avec les Français.

« C'est avec enthousiasme que, précisément, au 3e escadron du 5e régiment de chasseurs à cheval on reçut, le 2 août, premier jour de la mobilisation, *par l'entremise d'un motocycliste, qui avait été envoyé en hâte, directement par le général de brigade, chargé du commandement*, l'ordre que voici, adressé au lieutenant Mayer : « Passez la frontière et faites « un service d'éclaireurs dans la direction de Belfort, en traversant Delle, pour établir où se trou- « vent des rassemblements de troupes. »

« Rapidement, la patrouille fut formée de volontaires qui insistaient pour être choisis, et, joyeux et fier d'être autorisé à traverser le premier la frontière, le lieutenant Mayer, qui depuis longtemps passait pour un officier entreprenant, se prépara à s'acquitter de sa difficile mission.

« Sans obstacle, la frontière fut franchie par des chemins détournés. Il n'y avait plus trace des nombreuses patrouilles françaises de cavalerie et d'infanterie qui, les jours précédents, circulaient à cet endroit. Le poing solidement fermé sur la garde du sabre et sur la lance, la patrouille, pleine de joie et de désir de combattre et fière d'apprendre, la première, à l'ennemi la force du cavalier allemand, galopa à travers les rues de Courtelevant, déjà distant de 4 kilomètres de la frontière. Là encore, rien, sinon quelques habitants épouvantés.

« Enfin, en approchant du prochain village, dont la rue principale était barrée par une grande barricade, on vit quelques soldats qui couraient de droite et de gauche avec la baïonnette au canon. Leurs longues capotes faisaient un effet singulier.

« Respirant profondément, le lieutenant Mayer dépose ses jumelles de campagne. Le contact avec l'ennemi est établi et il s'agit maintenant de signaler les rassemblements de troupes. On fait le tour du village, rapidement, sans être vu par les Français. On atteint de nouveau la grand'route dans la forêt de Florimont et on continue son chemin au trot. Le but prochain est Delle.

« Or, brusquement, le lieutenant Mayer, qui chevauche à la tête de la patrouille, voit deux sentinelles françaises, aussi surprises que les cavaliers eux-mêmes de la rencontre, et qui, ne sachant d'abord que faire, essayent ensuite de se glisser dans les taillis. Les cavaliers allemands sont cependant plus rapides qu'elles.

« Le lieutenant Mayer les rejoint, rapide comme l'éclair, et, du premier coup de sabre allemand, fend la tête jusqu'à la poitrine à un pioupiou français que la terreur a presque paralysé, tandis que, tout aussi rapidement, le soldat de première classe Heinze pousse avec tant de fureur sa lance dans la poitrine de l'autre lignard, qu'il ne peut plus retirer son arme du corps affalé et qu'il doit continuer sa chevauchée le sabre à la main.

« Cependant les « hourrah ! » de la patrouille avaient mis de l'animation dans la région auparavant silencieuse. Tout à coup, à environ 50 mètres, une section de 50 soldats français d'infanterie apparaît. Dans ce moment, toute résistance est inutile, si on ne veut pas que la patrouille soit abattue sans pouvoir se défendre. Le chef courageux se comporte comme un véritable officier allemand.

« — Ils sont trop nombreux, lui objecte un de ses

hommes. — Peu importe, répond-il, chargeons et passons.

« Et, de fait, avant que les Français aient eu le temps de tirer un seul coup de fusil, la patrouille allemande se trouve au milieu d'eux. Cependant les fossés de la route et de la forêt fournissent de bons abris aux ennemis, et quand la patrouille a traversé la ligne, elle est inondée de balles, tirées rapidement à quelques pas. Le lieutenant Mayer tombe le premier de son cheval, et il n'a plus que le temps de dire à ses hommes de continuer leur route.

« Plein de présence d'esprit, le cavalier de première classe Heinze prend le commandement et, au galop, il arrive presque devant Delle. Avec le reste de la patrouille (3 hommes étaient encore tombés), il se sauve à travers un bois dépourvu de chemins. Il arrive le soir du même jour dans les lignes allemandes et peut faire son rapport ».

Le *Kurier* ajoute qu'il a emprunté ce récit au *Journal de guerre de Lille*, qui l'a publié dans le numéro illustré offert au grand-duc de Bade pour le 58e anniversaire de sa naissance.

Il ressort de là que, dès le 28 juillet, les troupes allemandes avaient pris, le long de la frontière, leurs positions de combat ; que, le 2 août, environ quinze heures avant la déclaration de guerre, une patrouille allemande avait ouvert les hostilités sur le territoire français et assassiné deux soldats ; que cette incursion, contraire au droit des gens, avait été ordonnée par le général de brigade, commandant la région ; que la patrouille allemande put parcourir huit kilomètres sans rencontrer aucun soldat français, ce qui prouve que, pour prévenir tout incident de frontières, les autorités militaires françaises avaient retiré les troupes de couverture dans l'intérieur du pays ; que l'agression allemande était donc voulue et préméditée.

Le coupable avoue et il se vante de son crime. Hier encore, il le niait. Les neutres verront une fois de plus par là ce que vaut la parole de l'Allemagne.

CHAPITRE VI

SOUS LE JOUG MILITAIRE

Ce que furent les jours de la guerre en Alsace, nul ne saurait le décrire. Dès la première annonce des complications internationales, au commencement du mois de juillet 1914, un frisson d'espoir et en même temps de terreur avait secoué tout le pays. La revanche du droit, on l'avait si longtemps attendue, sans la voir venir. L'heure fatidique allait-elle enfin sonner?

D'un autre côté les Alsaciens connaissaient trop bien leurs maîtres, pour ne pas prévoir que les derniers jours de la domination allemande seraient marqués par les pires atrocités. Avant même que Guillaume II eût formulé sa fameuse menace : « Si je suis obligé d'abandonner l'Alsace-Lorraine, je la laisserai nue comme la main, *Kahl wie die Hand* », les annexés ne se faisaient aucune illusion sur le sort qui les attendait. Et pourtant ils trouvaient encore le courage de se réjouir des souffrances qu'ils devraient endurer pour retrouver leur patrie d'élection. Je me souviens avoir reçu, à cette époque, une lettre dont voici le passage principal : « Qu'on nous pille, qu'on incendie nos maisons, qu'on nous jette en prison, peu importe, pourvu qu'on nous débarrasse de l'Allemand. C'est là ce que j'entends dire autour de moi, dans les milieux cultivés, comme dans les milieux populaires. » La signataire de cette lettre était une femme, dont deux fils étaient mobilisables.

De fait la barbarie allemande dépassa encore, et de beaucoup, l'attente des annexés. Dès le 15 juillet, la correspondance et les envois de colis furent soumis à un contrôle rigoureux. Un de mes amis, qui expédia deux caisses de livres et de papiers en Suisse, dut marquer sur la lettre de voiture : *unpolitischen Inhalts* (le contenu n'est pas politique). Les mouvements de troupes remontant vers la frontière s'accusèrent à la même époque. Les douaniers et les employés de chemin de fer avaient été avisés de ne plus laisser passer en France et en Suisse les jeunes Alsaciens en âge de porter les armes.

Le 25 juillet, le doute n'était plus permis. La banque d'empire refusait de faire des paiements en or. Les états-majors travaillaient ouvertement à la mobilisation. C'est à cette date qu'averti du danger par des amis, je réussis à passer la frontière de Saint-Louis, grâce à l'automobile qu'un ami avait mise complaisamment à ma disposition. Il était temps. Cinq jours plus tard le danger de guerre (*Kriegs Gefahr*) était proclamé en Alsace. Le 31 au matin un officier, avec 12 soldats, baïonnette au canon, se présentait à la rédaction de mon journal pour m'arrêter. Grande fut sa déconvenue quand il apprit que l'oiseau s'était envolé.

D'autres sections de militaires furent plus heureuses. Plusieurs centaines d'arrestations eurent lieu en cette journée. Je ne citerai que celles de

M. Bourson, correspondant du *Matin* à Strasbourg, de M. Tempé, marchand de vins à Ribeauvillé, de M. Ostermeyer, ancien député à Rouffach, du curé Hackspill, député en Lorraine. Un grand nombre de ces martyrs de la cause alsacienne furent conduits en prison, menottes aux mains, comme des malfaiteurs de droit commun. Les autorités militaires, qui avaient toujours accusé les fonctionnaires civils de faiblesse, pouvaient enfin donner libre cours à leurs rancunes. Ce fut un véritable débordement de violences et d'arbitraire. Partout on perquisitionnait, partout on soumettait les familles des « prévenus » aux pires vexations. Les officiers procédaient d'ailleurs à toutes ces opérations de police avec de véritables raffinements de cruauté. Ils ne manquaient pas en effet d'insinuer que, si la guerre devait éclater, leurs victimes seraient, sans aucun doute, passées par les armes.

Les prisons furent bientôt encombrées. Et on n'était pas encore en état de guerre! Il fallait cependant, au jugement des généraux, frapper de terreur une population dont les sentiments étaient douteux. Déjà en 1870-71, les Alsaciens avaient connu ce régime d'intimidation. En ce temps-là, dès que les troupes allemandes occupaient une commune, elle s'emparaient d' « otages » et les habitants étaient avisés, qu'au moindre acte d'hostilité, ces otages seraient fusillés. De plus, des notables indigènes étaient régulièrement embarqués sur les locomotives et dans les premiers fourgons des trains militaires, afin de prévenir tout attentat.

En 1914, même avant que les hostilités fussent ouvertes, les Allemands crurent devoir prendre les mêmes précautions. Les listes noires des préfectures leur fournirent les indications désirables sur les personnes dont il fallait s'assurer. Tous les malheureux, qui y figuraient, furent donc incarcérés. En même temps toute circulation était interrompue. Toutes les voitures automobiles, appartenant à des particuliers, furent saisies.

Le décret de mobilisation parut presque en même temps. Nombreux furent les jeunes hommes qui, à la dernière minute, essayèrent encore de passer la frontière pour se soustraire à l'obligation de porter les armes contre la France. Plusieurs y réussirent, d'autres furent arrêtés, passèrent en conseil de guerre et furent fusillés.

Quand, le 2 août, la guerre fut déclarée, l'Alsace avait déjà connu toutes les horreurs de l'état de siège. Son martyre devait encore s'aggraver. Dès les premiers jours interdiction formelle fut faite de parler français en public. Tout rassemblement était également défendu. Impossible de sortir de chez soi, sans un laissez-passer. L'Alsace était traitée en pays ennemi par les Allemands. Ah ! qu'ils étaient arrogants, ces maîtres despotiques et comme ils se vengeaient bassement sur une population sans défense de leurs déconvenues passées !

Il est vrai qu'on les vit déchanter, pendant les dernières semaines du mois d'août. Les troupes françaises étaient entrées par deux fois à Mulhouse, acclamées par un peuple en délire. Elles avaient occupé toute la ligne des Vosges de Thann au Donon, et, par les vallées de Guebwiller, de Munster, de Sainte-Marie-aux-Mines, elles étaient descendues dans la plaine jusqu'aux portes de Colmar. Or, devant cette invasion inattendue, les fonctionnaires et les civils allemands s'étaient piteusement enfuis, sous les regards amusés des indigènes. Jamais débandade ne fut plus rapide et plus honteuse. Avant de se sauver en emportant leurs hardes, les Allemands, la veille encore si orgueilleux, suppliaient les Alsaciens de veiller sur leurs immeubles et de leur faciliter leur départ. Le spectacle était lamentable et grotesque à la fois,

Quelques jours plus tard, les fuyards devaient, hélas! revenir, plus audacieux, plus impertinents qu'autrefois. Ils firent durement payer à la population alsacienne leurs angoisses et leurs humiliations d'un moment. Je raconterai plus loin les massacres de Burzwiller, qui suivirent le premier exode des Allemands à Mulhouse. Si ailleurs le sang ne coula pas si abondamment, les tyrans de l'Alsace s'entendirent à faire couler les larmes pendant les quatre dernières années de leur odieuse domination.

Il faudrait des volumes pour signaler par le menu tous leurs crimes. André Fribourg a essayé dans *Le poing allemand en Lorraine et en Alsace* de dresser un réquisitoire motivé contre la barbarie boche. Qu'on achète ce livre poignant et qu'on le répande. A le lire l'imagination recule épouvantée. Etait-il donc possible, en plein vingtième siècle, d'infliger de pareilles tortures à un petit peuple, qui, par son attitude correcte, n'avait jamais donné prise à aucune critique justifiée? Et pourtant les Allemands qui, dans les provinces annexées, commirent tant d'attentats contre le droit des gens, n'avaient-ils pas proclamé, avant la guerre, ne devaient-ils pas proclamer encore, pendant et après le terrible conflit, que l'Alsace s'était donnée à eux de tout cœur?

Folles déclamations que leurs auteurs ont eux-mêmes démenties en traitant les Alsaciens comme les populations de la Belgique et du nord de la France. Pendant ces quatre années de guerre les conseils de guerre n'ont en effet pas cessé de fonctionner journellement. En prison les hommes et les femmes qui parlaient français dans la rue, en prison ceux qui refusaient de croire aux communiqués de l'état-major allemand, en prison ceux qui essayaient de correspondre avec leurs familles à l'étranger, en prison ceux qui avaient pu se procurer un de ces journaux français qui se vendaient publiquement de l'autre côté du Rhin, en prison ceux qui, dans leurs lettres aux soldats, ne faisaient pas preuve d'un ardent patriotisme, en prison ceux qui manifestaient leur pitié pour les prisonniers et les blessés français.

Tous les jours les condamnations s'accumulaient au point que les prisons ne pouvaient plus hospitaliser les délinquants et que ceux-ci étaient obligés d'attendre leur tour pour purger leur peine dans ce que la population indigène appelait plaisamment l'hôtel de France. On a fait le compte de ces condamnations pour délits minimes. Elles représentent un total de 8.000 années de prison. Ah ! que l'Alsace et la Lorraine devaient donc être allemandes de cœur pour fournir un si formidable contingent de révoltés !

La vie n'était plus supportable dans le pays. Partout la délation était à l'ordre du jour. L'Allemand a l'espionnage dans les veines. Même lorsqu'il appartient aux meilleures classes de la société, il se croit obligé, dès qu'il estime la sécurité publique compromise, de moucharder ses meilleurs amis. Déjà à l'école et au collège, les maîtres encouragent ce vice national. Je me souviens qu'avant la guerre, un jeune avocat allemand, qui assistait à une réunion d'un comité politique, nous fit la déclaration suivante : « Prenez garde de ne rien dire, en ma présence, qui puisse me paraître dangereux pour l'Etat. Je suis officier de réserve et je serais obligé, de par mon serment, de vous dénoncer. » Celui-là était encore un honnête homme. Ils ne le sont pas tous, bien au contraire, la plupart espionnent par goût et par tempérament et il leur arrive même de jouer le rôle ignoble d'agents provocateurs.

M. Burger, avocat à Colmar, devait en faire la triste expérience. Dans une conversation avec un collègue allemand, l'avocat Klein, il commit l'imprudence d'engager avec son interlocuteur, qu'il croyait son ami, une discussion courtoise sur la situation des armées et il émit un doute sur le succès final de l'Allemagne. Klein n'eut rien de plus pressé que de le dénoncer au conseil de guerre. Burger fut condamné à la déportation. Sa femme faillit en mourir. Son beau-père, déjà exilé, en mourut. N'essayez pas de faire comprendre à Klein l'ignominie de sa délation. Il ne vous comprendrait pas, le Boche. N'était-il pas de son devoir de patriote d'obliger son collègue à découvrir ses sentiments intimes pour mieux pouvoir le faire condamner?

A Colmar encore, les fillettes d'un autre avocat allemand s'approchaient des promeneurs pour surveiller leurs conversations. Malheur à qui commettait l'imprudence de prononcer quelques mots dans la langue défendue. Il était immédiatement signalé à la police et poursuivi devant un tribunal militaire. Pour un simple « bonjour » bon nombre d'Alsaciens se sont vus gratifiés de huit jours de prison. Villes et villages étaient ainsi devenus de véritables géhennes. Pendant ces quatre années d'épouvante, les indigènes ne s'abordaient plus qu'en tremblant et, avant d'échanger quelques paroles rapides, ils jetaient un regard anxieux autour d'eux pour voir si personne ne pouvait les espionner.

Plusieurs fois, pendant la guerre, j'ai eu la visite d'Alsaciens qui avaient réussi à s'enfuir. Ce qui me frappait toujours c'était l'inquiétude qui se lisait dans leurs yeux et qui se trahissait par de brusques soubresauts ou par des regards jetés à la dérobée sur les portes. Ils parlaient tous à voix basse et ne faisaient aucun geste. L'habitude prise de constamment se surveiller ne les avait pas quittés, même après plusieurs semaines de liberté retrouvée. Rien ne saurait mieux prouver combien douloureux furent les jours interminables que mes malheureux compatriotes passèrent sous le joug pesant du militarisme prussien.

Nombreux furent les Alsaciens que dénoncèrent des domestiques congédiés, plus nombreux ceux que des immigrés allemands accusèrent de délits imaginaires par esprit de lucre ou de vengeance personnelle. Telle fut la rage de délation des immigrés qu'à un moment donné les journaux allemands eux-mêmes crurent devoir protester contre ces ignobles pratiques.

CHAPITRE VII

LEURS AVEUX

En 1917 la *Gazette populaire de Cologne* publiait l'article suivant :

« Il faut avouer enfin franchement qu'il y a une question d'Alsace-Lorraine. La germanisation a totalement échoué. Précisément pour cette raison, il est impossible de faire de cette province un Etat autonome. Il faut que la germanisation se fasse. Le seul moyen est de fondre l'Alsace-Lorraine dans un ou plusieurs Etats déjà existants. Après examen de diverses hypothèses et considérations, on doit conclure à une séparation de l'Alsace et de la Lorraine, la première devenant bavaroise et la seconde prussienne. »

L'aveu était pénible. Nous devions le trouver plus tard dans les journaux allemands de tous les partis. La politique de germanisation avait complètement fait banqueroute. Les tyrans de l'Alsace-Lorraine ne cherchaient pas d'ailleurs à établir les responsabilités de cette situation anormale et à se demander si leurs procédés sauvages de gouvernement n'avaient pas provoqué l'inévitable réaction. Bien au contraire, toujours fidèles à eux-mêmes, ils ne rêvaient que mesures nouvelles de répression.

Voici les solutions que proposèrent les journaux, même démocratiques. Après la victoire allemande, il faudrait en finir, une fois pour toutes, avec une opposition qui n'avait que trop duré. Après avoir rattaché les provinces annexées, par tronçons, aux États voisins, on déporterait en masse la population et le pays serait « colonisé » par des Allemands, d'après la méthode déjà employée en Posnanie. De plus les enfants des provinces annexées seraient enlevés à leurs familles et confiés à des éducateurs allemands de Prusse. Ces énormités se discutaient publiquement. L'Allemand, quand il est le maître, n'a même pas la pudeur de dissimuler ses bas instincts de domination sauvage.

Entre temps et pour se faire la main, les autorités de Strasbourg procédaient à des dénationalisations en masse. En 1917 tous les Alsaciens-Lorrains résidant à l'étranger furent sommés de rentrer chez eux, sous peine d'être privés du bénéfice de la nationalité allemande et de voir leurs biens confisqués. En vain un grand nombre de vieillards et de femmes firent valoir que leur état de santé leur interdisait de se soumettre aux privations que subissaient leurs compatriotes. Passé le délai prévu, leur dénationalisation fut décrétée et on mit l'embargo sur leurs immeubles et leurs valeurs. Ceux qui commirent l'imprudence d'obéir à la sommation furent l'objet de mille tracasseries et bon nombre d'entre eux durent aller résider au delà du Rhin.

Les Allemands étaient surtout désireux de connaître les noms des Alsaciens-Lorrains qui servaient dans l'armée française. Pour arriver à les découvrir, ils employaient les moyens les plus douteux. On sait que, pour prévenir de dangereuses représailles, on avait changé les noms des volontaires originaires des provinces annexées et on les avait pourvus de faux livrets. Or, lorsque les Allemands avaient des doutes sur la nationalité d'un prisonnier, ils faisaient écrire par les organisations de la Croix-Rouge au maire de la commune française, marquée sur le livret comme lieu de naissance du prisonnier, sous prétexte de faire parvenir à ce dernier des paquets de linge et de nourriture. Quelques maires furent assez candides pour répondre qu'il n'y avait pas, sur les registres de l'état civil de leur commune, de sujet portant le nom indiqué. Cela suffisait aux Allemands pour traduire l'Alsacien-Lorrain camouflé devant un conseil de guerre et pour le faire condamner à mort ou aux travaux forcés à perpétuité.

Je citerai ici un cas particulièrement odieux. Le 1er août 1916, David Bloch, fils d'un commerçant de Guebwiller, était passé par les armes à Mulhouse. Le jeune homme (il n'était âgé que de 21 ans) avait été déposé par un avion français dans le grand-duché de Bade. Il devait chercher à se procurer des renseignements d'ordre militaire et rentrer en France par la voie des airs. Bloch fut arrêté. Bien qu'on l'eût soumis à de longs interrogatoires, il avait été impossible d'établir son identité. Un soldat crut cependant le reconnaître. Bloch opposa les dénégations les plus formelles à son accusateur. C'est alors que ses bourreaux recoururent à un stratagème monstrueux. Ils firent venir de Guebwiller le père de Bloch, qui ne se doutait de rien et brusquement ils le mirent en présence du prévenu. Le père surpris ouvrit ses bras à l'enfant. La preuve était faite. David Bloch, trahi ainsi involontairement par celui qu'il aimait si tendrement, fut condamné à mort et fusillé.

Les dénationalisations avaient, dans l'esprit de leurs organisateurs, un double avantage. Elles permettaient de débarrasser le pays d'éléments hostiles ou douteux et surtout de procéder à des confiscations rémunératrices. Tandis qu'en France le séquestre a un caractère nettement conservatoire, il est, en Allemagne, décrété dans l'intérêt de l'Etat. Des propriétés d'une valeur globale de plusieurs milliards, appartenant à des sujets étrangers ou à des Alsaciens-Lorrains privés de leur nationalité, furent ainsi littéralement mises au pillage. Voici, par exemple, comment procédait le maire de Strasbourg, chargé du séquestre des immeubles confiés à sa garde. Il allait trouver les locataires et leur disait : « Demandez toutes les réparations désirables, elles seront immédiatement exécutées. » Et elles l'étaient par des artisans, dont les comptes n'étaient pas examinés. Tout d'ailleurs devenait prétexte à liquidations définitives : impôts et taxes non payés et dettes hypothécaires. En 1918, les Allemands ne crurent même plus devoir s'embarrasser de scrupules juridiques. Ils décidèrent de procéder à la vente forcée de tous les biens séquestrés. Les municipalités des grandes villes furent autorisées à émettre des emprunts qui devaient leur permettre d'acquérir les terres et les immeubles des étrangers et des dénationalisés. Des sociétés puissantes se formèrent en Allemagne pour acheter les grandes entreprises industrielles, comme les mines et les hauts fourneaux de la famille de Wendel. Le pillage était organisé systématiquement. On pensait d'ailleurs rendre les petits paysans complices de ces opérations en morcelant les grandes propriétés et en mettant les parcelles en vente à des prix rémunérateurs. Constatons d'ailleurs que les Alsaciens-Lorrains surent, pour la plupart, résister à l'appât de ce gain douteux. Néanmoins la restitution des biens aliénés à leurs légitimes propriétaires sera, dans un avenir prochain, un des problèmes les plus difficiles à résoudre.

La multiplicité de ces attentats contre le droit des gens comporte l'aveu le plus formel de la faillite de la germanisation dans les deux provinces enlevées, contre tout droit, à la France. C'est là ce qui ressort le plus clairement de ce qui précède.

CHAPITRE VIII

« EN PAYS ENNEMI »

Les Allemands, bien avant la guerre de 1914, s'épuisaient à répéter que l'Alsace était une terre allemande et que sa population, si on en exceptait quelques agitateurs nationalistes « à la solde de la France », était de cœur ralliée à la grande Germanie. Innombrables étaient les livres, les articles où les doctes professeurs à lunettes d'or et les publicistes de tous les partis soutenaient cette thèse aventureuse. Même pendant la durée des hostilités la propagande allemande s'employait inlassablement à multiplier, en pays neutre, les tracts où s'affirmait cet éclatant mensonge.

Or toute autre était l'attitude des Allemands dans le pays même qu'ils prétendaient leur être complètement acquis. Lorsque les troupes badoises du XVe corps passèrent le Rhin en août 1914, leurs généraux leur dirent : « Vous entrez en pays ennemi », reprenant ainsi la phrase célèbre qu'avait écrite le préfet de police de Berlin, M. von Jagow, lors de l'affaire de Saverne. « Chargez vos armes ! Nous sommes en pays ennemi », lisait-on encore, 13 août 1914, dans un ordre du capitaine Fischer, de la 12e compagnie du 40e régiment d'infanterie territoriale allemande. En 1916, dans un discours, prononcé à Kaysersberg par le général von Gaede, de sinistre mémoire, il était dit : « Le pays me plaît, mais la population devra être anéantie. *Die Bevœlkerung muss vernichtet werden.* »

C'était partout et toujours la même antienne. Les Alsaciens n'étaient qualifiés que de « têtes de Français » et de « traîtres à la patrie ». Comment expliquer d'ailleurs, sans cela, les abominables traitements auxquels l'ensemble de la population était soumis, les réquisitions féroces, les déportations collectives, les évacuations injustifiées de villages avec les pillages qui s'ensuivaient?

Dès les premiers jours du conflit, les jeunes gens de quatorze à vingt ans, à quelque classe de la population qu'ils appartinssent, étaient obligés de travailler dans les tranchées. Bientôt ce fut le tour des jeunes filles et des jeunes femmes. Les journaux d'Alsace, bien que muselés par la censure militaire, protestèrent avec la dernière indignation, contre l'infâme promiscuité à laquelle ces malheureuses étaient condamnées. Dans des cantonnements misérables, où la nourriture ne leur était que parcimonieusement ménagée et où la vermine les dévorait, ces femmes ne pouvaient pas se défendre contre des sollicitations qui allaient souvent jusqu'à la violence. Voilà comment les Allemands traitaient leurs « frères reconquis ». Ils se comportaient, dans les deux provinces martyres, comme ils le faisaient en Belgique et dans le nord de la France. C'était donc bien « un pays ennemi », que cette Alsace, qu'ils prétendent maintenant conserver.

Nous avons d'ailleurs d'autres aveux. Au congrès socialiste de Wurzburg, le député allemand de

Mulhouse disait avec une effronterie, dont nous lui gardons quelque reconnaissance : « Que nous importent les sentiments de la population alsacienne-lorraine? Nous avons besoin, pour notre industrie, du fer, du charbon, de la potasse, du pétrole des deux provinces. Voilà pourquoi nous ne voulons, sous aucun prétexte, les abandonner. »

Toute l'explication de la politique allemande se trouve dans ces deux phrases. Oui, les pangermanistes savaient que les Alsaciens-Lorrains tenaient, par toutes les fibres de leur cœur, à la France. Oui, ils se rendaient parfaitement compte que jamais ils n'arriveraient à faire la conquête morale du pays. Oui, ils se connaissaient eux-mêmes trop bien, pour supposer que leurs procédés de gouvernement pourraient, avec le temps, amener un changement dans les sentiments de leurs victimes. Mais, malgré tout, ils ne pouvaient se résigner à lâcher leur proie, parce que celle-ci était trop riche. Comme en Posnanie, où leur politique séculaire de persécution n'avait donné que des résultats nettement négatifs, ils se contentaient des bénéfices matériels de l'annexion, sans se soucier des révoltes d'un peuple asservi.

« Pays ennemi » l'Alsace-Lorraine le restait pour eux. Peu leur importait, puisqu'ils avaient la force et pouvaient dès lors accaparer tous les profits.

Aujourd'hui les Allemands se cramponnent désespérément au plébiscite, que, pendant quarante-huit ans, ils avaient dédaigneusement repoussé. Oh ! ils se doutent bien que les anciens annexés repousseraient avec horreur la domination germanique, s'il leur était loisible d'exprimer librement leur volonté. Mais il leur reste un dernier espoir. Peut-

David Bloch quelques instants après son arrestation.

être les Alsaciens-Lorrains demanderaient-ils la neutralisation de leur petit pays. Et alors, étant donnée la formidable infiltration allemande qui s'y était produite pendant les quarante-huit dernières années (400.000 habitants sur 1.800.000) l'Allemagne pourrait-elle garder sa prédominance économique dans le pays qu'elle avait si longtemps martyrisé. Tout a été mis en jeu par elle pour obtenir ce résultat : préjugés politiques et religieux, intérêts du commerce et de l'industrie, mouvements ouvriers. En pure perte, puisque l'Alsace et la Lorraine repoussent dédaigneusement du pied les avances qui leur sont faites par leurs anciens tyrans.

Le plébiscite serait la sanction après coup du traité de Francfort, puisque, le cas échéant, il reconnaîtrait la légitimité des titres de propriété de l'Allemagne sur deux provinces arrachées à la France en vertu du droit de conquête. Il serait de plus impossible à organiser dans un pays où les électeurs indigènes ne consentiraient jamais à voter à côté de ceux qui avaient accepté la mission de les germaniser et s'y étaient employés par des procédés si barbares. L'Alsace et la Lorraine, restées fidèles au culte du souvenir, reviennent à la France par la simple restauration du droit, indignement violé en 1871. Les acclamations, qui ont salué les soldats français libérateurs, ont renseigné l'Europe et le monde tout entier sur les véritables sentiments d'un peuple courageux auquel près d'un demi-siècle de servitude n'avait pas pu arracher son culte pour la Patrie « momentanément absente de ses foyers », et que ses maîtres hargneux considéraient, encore pendant les dernières années, comme un peuple « ennemi ».

CHAPITRE IX

EN EXIL

Comme je l'ai déjà raconté, environ un millier de notables alsaciens-lorrains furent arrêtés et déportés pendant les premiers jours de la guerre et pendant les mois qui suivirent. Quelques-uns furent retenus en prison, d'autres relégués en Allemagne, avec résidence forcée et obligation de se présenter journellement, quelquefois plusieurs fois par jour, à la police.

Le 30 juillet 1914 une vingtaine de personnes, particulièrement « suspectes », avaient déjà été enfermées dans la prison de Strasbourg. Trois semaines plus tard les prévenus furent réveillés vers 2 heures du matin et parqués dans la cour, tandis que la pluie tombait à torrent. On leur avait laissé d'abord supposer qu'ils allaient être fusillés. Vers 7 heures ils furent transportés à la gare et parqués dans un wagon de 4e classe, qui fut rattaché à un train en partance pour Munich. Or, pendant le parcours, qui se fit avec une extrême lenteur, les prisonniers furent tout surpris de rencontrer, à chaque station, une foule hostile qui les injuriait et leur jetait des pierres. Ils eurent bientôt l'explication du mystère. Dans toutes les gares une affiche avait été placardée qui disait : « Aujourd'hui, à telle heure, passeront 20 Alsaciens, traîtres à la patrie. »

Arrivés à Stuttgart les malheureux durent, pour se rendre à la prison, traverser une foule de 2.000 personnes, sous les coups de cannes et de parapluies, tandis que l'escorte, au lieu de les protéger, les frappait de coups de crosse et les piquait des pointes de ses baïonnettes. Quand ils arrivèrent à destination, les « otages » étaient presque tous blessés. Ce n'est qu'après plusieurs jours de dure détention qu'on les répartit ensuite dans les villes où ils devaient dorénavant résider sous le contrôle de la police.

Paul Bourson, correspondant du *Matin*, et Kubler, correspondant du *Petit Parisien*, furent maintenus, pendant deux ans, en captivité. On leur avait assigné la prison de Canstadt, où ils eurent à souffrir du froid et de la faim. Kubler réussit plus tard à traverser la frontière, tandis que Bourson, mobilisé, dut, pendant les dernières années de la guerre, décharger des voitures de charbon et de pommes de terre à Munich et voyagea, comme ouvrier militaire, sur tous les réseaux.

Les exilés ont, depuis leur retour, formé une association, qui, sous la présidence de M. Maurice Schæffer, réunit tous les documents relatifs à leur captivité. Ce sera un formidable réquisitoire contre la barbarie allemande, que ce volume exclusivement composé de témoignages irréfutables. En effet les souffrances des déportés défient toute description. Privés de toutes relations avec leurs familles, vivant dans un milieu hostile, dénués pour la plupart de toute ressource, assistant journellement aux fêtes données en l'honneur des victoires allemandes, exposés aux multiples et ingénieuses tracasseries des autorités civiles et militaires, les malheureux menaient une existence misérable, où les soucis moraux étaient encore plus cruels que les privations physiques. J'ai vu plusieurs de ces victimes du germanisme. Elles étaient méconnaissables, vieillies, amaigries, sans plus aucun ressort, des loques humaines. Et pourtant quel crime avaient-ils commis ces hommes, qui, dans le camp de Holzminden ou dans les villes allemandes du centre et du nord, subirent tant d'avanies ? Un fonctionnaire hargneux les avait, autrefois, à leur insu, inscrits sur les « listes noires » du temps de paix et cela devait suffire pour les priver de toute liberté et leur infliger les pires souffrances !

La plus illustre victime de la sauvagerie allemande fut le député de Colmar, Jacques Preiss. S'il fut jamais un homme honnête, droit, loyal, ce fut bien celui-là. Preiss jouissait de l'estime générale. Les Allemands eux-mêmes ne cachaient pas leur admiration pour la fermeté de son caractère et pour sa droiture. Dès sa jeunesse, celui qui devait devenir l'âme de la protestation, avait arrêté la ligne de conduite à laquelle il devait rester fidèle jusqu'à son dernier souffle. En effet, comme étudiant à l'université de Strasbourg, il publia une brochure sur la question nationale qui, dès cette époque, attira sur lui l'attention des hommes politiques du pays. C'est avec un légitime orgueil que, plus tard, rappelant cette œuvre de jeunesse, il disait souvent : « Je n'ai jamais varié. » S'étant établi comme avocat à Colmar, il fut élu membre du Reichstag en 1891. La lutte avait été chaude. Depuis lors, jusqu'en 1911, les électeurs de sa circonscription lui restèrent toujours fidèles. En 1897 le canton de Kaysersberg l'envoya siéger au conseil général de la Haute-Alsace, de 1900 à 1911 il appartint au Landesausschuss, parlement d'Alsace-Lorraine. Dans toutes ces assemblées Jacques Preiss, très aimé de ses collègues, pour sa franchise et sa bonne humeur, joua bientôt un rôle prépondérant. N'attendant rien d'un gouvernement, qu'il combattait par principe, il était d'une indépendance absolue. Son éloquence documentée, prenante, parfois un peu rude, toujours inspirée par les mobiles les plus élevés, exerçait une puissante action sur l'opinion populaire. Son discours protestataire de Berlin, en 1897, marqua le réveil de l'Alsace-Lorraine après les longues années de « la paix des cimetières ».

Au Landesausschuss Preiss devint bientôt le chef de l'opposition. C'était un lutteur redoutable; mais, dans ses polémiques les plus ardentes, il savait contraindre ses adversaires au respect. Au prétoire le remarquable avocat qu'il était produisait une impression profonde sur les juges, d'autant plus qu'on savait qu'il n'acceptait pas de défendre les mauvaises causes. Enfin, comme homme, Jacques Preiss, un peu renfermé d'abord, se donnait sans compter à ses amis. Il était la joie de tous, dans les réunions intimes, où il pouvait déployer toutes les ressources de son esprit naturellement bienveillant et jovial.

Lorsqu'éclata la guerre, les Allemands laissèrent d'abord Preiss en liberté. On ne l'arrêta que six semaines plus tard; mais, dès lors, les militaires exercèrent sur lui les plus basses vengeances. Traité d'abord comme un prisonnier de droit commun, il fut interné dans la prison de Colmar, où il séjourna près de deux mois. Dès ce moment sa santé, qui pourtant était solide, subit de graves atteintes. Preiss était rongé de soucis. La retraite des troupes françaises avait fait naître le doute dans son esprit. On le voyait se promener des heures entières, le front soucieux, le regard égaré. A Munich, qui lui fut ensuite assigné comme résidence, il retrouva quelques amis et avec eux un peu plus de calme. Mais il était visiblement miné par l'inquiétude de voir la France succomber. C'était tout le rêve de sa vie qui s'évanouissait. Bientôt on l'envoya dans le nord de l'Allemagne pour le séparer de ses compagnons d'infortune. Là il souffrit de nouveau de l'isolement et fut repris par son humeur noire. Quand il fut autorisé à revenir à Munich, ses intimes s'effrayèrent de le voir physiquement si déprimé. Malgré les soins que lui prodiguèrent sa femme et sa fille, il s'éteignit. C'était au mois de mars 1915.

Les cendres de Jacques Preiss furent transportées à Colmar. Les Allemands interdirent toute manifestation lors de ses funérailles. Aucun discours ne devait être prononcé. Devant les fonctionnaires judiciaires et les Alsaciens réunis dans la maison mortuaire, Clairette Preiss, la vaillante fille du défunt, enfreignit la consigne. S'avançant vers le cercueil elle prononça les paroles suivantes : « Adieu, papa, ils t'ont tué, tu seras vengé. » Les Allemands indignés se retirèrent, Quelques jours plus tard Clairette Preiss et sa mère prenaient à leur tour le chemin de l'exil. Aujourd'hui la croix de guerre orne la poitrine de celle, qui, en ces jours douloureux, sut être digne de son père. La vengeance des Allemands avait été ignoble. La réparation sera éclatante. Bientôt un superbe monument rappellera aux Colmariens que, si leur député est mort à la peine, la France, qui a recueilli le prix de son sacrifice, sait honorer le sacrifice de ceux qui l'ont tant aimée.

CHAPITRE X

AU PARLEMENT

L'instituteur Brogly mérite, lui aussi, une mention spéciale; car nous allons de nouveau, dans son cas, retrouver les procédés malpropres de la justice allemande. Médard Brogly appartenait à cette jeune génération d'Alsaciens qui, ayant passé par l'école et par la caserne allemandes et d'un autre côté ne connaissant la France que par les récits des anciens, avaient d'abord fait crédit de leur confiance au vainqueur. C'est en fréquentant les immigrés, en étudiant leurs méthodes, en jugeant, en toute impartialité, leur politique, qu'il se trouva rejeté d'abord dans l'opposition de parti et ensuite dans l'opposition nationale. Grand, de belle prestance, intelligent, parlant avec facilité, Brogly devint bientôt un des orateurs les plus écoutés du parti catholique. En 1911 les électeurs l'envoyèrent siéger à la seconde Chambre de Strasbourg, où bientôt son application, la modération de ses opinions et le talent qu'il déployait à les défendre lui assignèrent une place de choix. Il était marié et père de deux enfants quand la guerre éclata et le trouva professeur de l'école moyenne de Mulhouse.

Lors de l'entrée des troupes françaises dans cette

ville, l'instituteur-député fut amené à s'entretenir amicalement avec quelques officiers. Nul n'y avait prêté aucune attention et il ne fut nullement inquiété quand les Allemands occupèrent de nouveau Mulhouse. Or, en se retirant, les Français avaient emmené quelques fonctionnaires particulièrement compromis par leur zèle intempestif et les avaient internés à l'intérieur dans des camps de concentration. Six mois plus tard, on procéda entre les deux pays à des échanges d'otages. C'est ainsi que revint à Mulhouse un Allemand, ennemi politique de Brogly, qui n'eut rien de plus empressé que de dénoncer le député. Traduit devant un conseil de guerre, celui-ci reconnut qu'il avait eu plusieurs conversations avec des officiers français, mais nia qu'il leur eût donné des renseignements d'ordre militaire. Malgré cela il fut condamné à dix ans de travaux forcés et immédiatement envoyé au bagne, où il resta enfermé jusqu'à la conclusion de l'armistice.

C'est ainsi qu'un homme, occupant une situation considérable dans le pays, avait subi une condamnation d'une exceptionnelle gravité sur la simple dénonciation d'un ennemi personnel. La justice militaire allemande s'était une fois de plus mise au service des plus basses passions.

Au parlement de Strasbourg des protestations s'élevèrent contre le traitement indigne infligé à Brogly. Rien n'y fit. L'immunité parlementaire n'avait pas pu couvrir le condamné contre les poursuites, l'intervention de ses collègues en sa faveur n'entraîna aucune atténuation de sa peine.

C'est qu'aussi, pendant les quatre années de la guerre, le gouvernement Dallwitz-Tschammer marqua aux deux Chambres le plus profond dédain. Tout débat politique était interdit aux députés et aux sénateurs qui ne siégeaient plus que pour voter le budget. Cette tyrannie prit de telles proportions qu'en 1917 les parlementaires décidèrent de ne plus prendre la parole en séance publique. En quelques minutes le budget fut voté au milieu d'un silence glacial. Les Allemands ne comprirent pas la leçon ou plutôt ils se réjouirent d'une manifestation qui les mettait à l'abri de toutes les surprises.

La Chambre alsacienne-lorraine ne devait reprendre la parole qu'au lendemain de l'armistice quand, en une séance mémorable, M. l'abbé Delsor, président du Conseil national, proposa à ses collègues d'adopter une adresse enthousiaste de dévouement à la France. L'adresse fut votée à l'unanimité par les membres présents du parlement, les quelques immigrés, qui faisaient partie de l'assemblée, ayant fort sagement jugé à propos de disparaître.

*
* *

Nous avons vu que, pendant la guerre, les autorités militaires avaient interdit aux membres des Chambres d'Alsace-Lorraine d'ouvrir n'importe quel débat politique en séance publique. C'est donc derrière les portes closes des commissions que les députés pouvaient (oh ! combien discrètement !) faire entendre les doléances de la population. J'ai sous les yeux le compte-rendu analytique des séances de la commission principale. Le document avait un caractère nettement confidentiel. Tous les exemplaires des sténogrammes étaient enfermés dans le coffre-fort du directeur du Landtag. J'ai pu m'en procurer un et je traduis ci-après des extraits de discours qui n'ont pas encore été publiés.

1916. HAUSS. — On ne croirait pas qu'il fût possible de voir dans chaque prêtre catholique et dans chaque religieuse un traître. Je rappellerai à ce propos la scène honteuse qui se déroula sur la place du Broglie et dans la rue de la Nuée bleue, lorsqu'une femme hystérique ayant prétendu que six individus en soutane avaient coupé les fils téléphoniques sur le toit du palais du gouverneur, un prêtre fut insulté, malmené et frappé jusqu'au sang. Je rappellerai encore que plusieurs douzaines de prêtres furent arrêtés parce qu'on les soupçonnait d'avoir entretenu des relations téléphoniques avec l'ennemi, et qu'on les exposa aux insultes de la foule.

Encore plus déprimante pour l'âme alsacienne fut l'attitude des femmes allemandes vis-à-vis de la population indigène. Ces femmes voyaient dans chaque alsacien un espion ou du moins un francophile et se croyaient autorisées à l'insulter grossièrement. Je n'exagère rien ; en ces jours d'aveuglement il s'était accumulé entre immigrés et indigènes de telles colères et de telles haines qu'il faudra énormément de patience et encore davantage de bonne volonté pour faire disparaître cette montagne d'immondices asphyxiantes...

Ce que je dis n'est qu'une partie de nos griefs. Nous ne pouvons pas tous les énumérer. Il y en a trop... Quand je fais le compte de tout ce qui est arrivé et des sentiments que ces abus de pouvoir ont provoqués, je me vois obligé de reprendre la phrase du député van Calker : « Tout est détruit. Même les débris ont encore été brisés. »

Peirotes. — On a supprimé tous les droits constitutionnels du peuple. Nous n'avons plus le droit d'exprimer une opinion, toutes les associations sont dissoutes. Dès le 31 juillet 1914, non seulement les journaux de langue française, mais les feuilles socialistes allemandes ont été supprimées.

A Colmar on avait érigé au cimetière un monument à deux bourgeois tombés pendant la guerre de 1870. Ce monument, œuvre du célèbre sculpteur Bartholdi, fut, un beau matin, enlevé. Qui donc avait ordonné cette profanation? L'architecte Spittler ayant posé, à ce sujet, une question au maire Diefenbach, fut relégué de l'autre côté du Rhin.

Tout ce qui se rapporte aux arrestations préventives est tellement triste qu'on ne trouve pas de mots pour exprimer sa douleur. On n'a aucun ménagement pour les déportés. Ceux-ci sont expulsés dans les vingt-quatre, ou tout au plus dans les quarante-huit heures et on leur assigne souvent un lieu de déportation, où ils ne peuvent ni vivre, ni mourir. On ne les atteint pas seulement dans leurs intérêts matériels, on leur inflige encore des tortures morales, qui ont un effet désastreux sur leur santé. Tenez, voilà le cas d'un homme dont l'innocence a été nettement établie. Il a néanmoins été maintenu en prison préventive sous le prétexte suivant : « Comme cet homme a été interné injustement, il aurait d'autant plus de raison de vouloir nuire à l'empire allemand. »

Georges Wolf. — A ce propos je voudrais poser une question au gouvernement. Combien y a-t-il eu de déserteurs alsaciens-lorrains? On m'a cité le chiffre de 40.000. Je n'ai pas pu établir s'il est exact.

LE COMTE DE ROEDERN, secrétaire d'État. — Le nombre des condamnations pour injures les plus grossières à l'adresse des Allemands s'élève déjà à plusieurs centaines et ces attaques se sont produites précisément dans les districts où les troupes allemandes combattent.

LE PROFESSEUR MULLER. — Je vais vous montrer à quels incroyables excès pouvait conduire la peur. Une batterie strasbourgeoise était venue s'installer à Horbourg. L'officier fut très bien reçu par le curé qui lui servit, comme il est de coutume chez nous, une bonne bouteille de vin. L'alarme fut donnée, le lendemain matin. Le curé se leva et se rendit auprès de l'officier pour lui offrir le petit déjeuner. Or celui-ci, écumant de rage et se servant d'expressions qu'on ne saurait reproduire, s'écria : « Je sais maintenant pourquoi vous avez voulu m'étourdir hier soir. » Le curé sur son ordre fut arrêté, on lui lia les mains sur le dos et il fut attaché sur un canon, tandis que sa gouvernante était ligottée sur une autre pièce. L'officier voulait les conduire ainsi de Horbourg à Cernay sur la ligne de feu. Il fallut libérer la gouvernante en cours de route, car elle avait perdu connaissance. Sur toute la route les soldats criaient : « Il y a, là, derrière, un espion » et le pauvre prêtre était constamment conspué et couvert d'ordures. On ne lui donna rien à boire bien que la chaleur fût torride. On le conduisit sur la ligne de feu où on l'attacha à un caisson pendant toute la journée. Le lendemain il fut conduit à la prison de

Mulhouse et, son innocence ayant été reconnue, il fut relâché...

Autres cas. A Schweighausen le 136e d'infanterie livrait un combat. Or un jeune séminariste, fils de l'instituteur de la commune, commit l'imprudence de sortir de sa maison. On dit qu'il accompagnait un officier de ses amis. Tout à coup on entendit des détonations. Le capitaine avait donné ordre de l'abattre à coups de fusil. C'était un jeune homme maladif, tuberculeux, un de nos meilleurs élèves. Après sa mort le bruit courut qu'un espion avait été fusillé et les soldats crurent que c'était le curé de la paroisse...

Je sais qu'en Lorraine on a transporté des déportés dans des wagons sur lesquels on avait écrit : « Espions. » Ces malheureux furent insultés, frappés avec des cannes. On leur jeta des pierres et de la boue partout où ils passèrent. On les entassa dans des casemates à Ehrenbreitstein en compagnie de bagnards et ils y furent dévorés par la vermine. Les femmes étaient enfermées avec des prostituées. On ne leur donna même pas de fourchettes et de cuillers, les infortunés durent manger leur maigre pitance avec les doigts. Ils dormaient sans matelas sur la terre nue. Des soldats, baïonnette au canon, les accompagnaient aux W.-C. Et il y avait parmi eux des gens de la meilleure compagnie.

Incroyable fut le traitement qu'on leur infligea. Quand l'un d'entre eux était acquitté on ne lui en imposait pas moins un domicile forcé. Je connais un jeune ingénieur, qui souffrait des yeux. On ne lui permit même pas de faire venir un médecin...

Dans plusieurs districts de la Haute-Alsace on n'a pas seulement mobilisé les réservistes en âge de servir, mais tous les hommes de dix-sept à quarante-cinq ans.

Schlumberger. — En octobre 1914 la troupe réquisitionna, un beau jour, la benzine à Guebwiller. Les soldats se rendirent ensuite à Sengern. Là les habitants furent sommés d'avoir à quitter leurs maisons. On leur défendit de rien emporter. Déjà pendant que les malheureux sortaient du village, celui-ci commençait à brûler. Tout fut détruit, bien qu'aucun coup de fusil n'eût été tiré dans le village. Plus tard j'ai vu une carte postale représentant les ruines de Sengern et au-dessous de laquelle on lisait : « L'acte de justice des Wurtembergeois. » Personne ne connaît le crime qu'on a ainsi puni.

Comme quelques coups de fusil avaient été tirés dans les environs de Guebwiller, ordre fut donné au commissaire de police d'établir une liste de 50 suspects. Or il fut établi que les coups de fusil avaient été tirés par des soldats allemands. On a fait d'ailleurs à Guebwiller un usage abusif des listes noires.

Hauss. — Dans les autres Etats confédérés, particulièrement en Wurtemberg, les otages ont été traités comme des criminels. A Tubingen, les frères Luck sont morts par suite du manque de nourriture. Le plus jeune avait demandé à se nourrir lui-même, alors qu'il devait travailler très durement dans une usine. Il était trop tard. Le député Preiss vivrait encore aujourd'hui si on ne l'avait pas soumis à un traitement si barbare dans la prison militaire de Colmar. Il était brisé quand il quitta ce local.

Devant les conseils de guerre la plupart des prévenus renoncent à se défendre. Quand l'un d'entre eux essaye de se justifier on l'insulte si grossièrement qu'il préfère renoncer à la parole. Le prononcé du jugement se fait dans des conditions tout aussi sommaires.

Didio. — Le curé de Luffendorf a été condamné à quinze jours de prison pour avoir prêché en français. Et pourtant sa paroisse était de celles où l'usage de la langue française était autorisé; car aucun des fidèles ne comprenait l'allemand.

Hauss. — Le Dr Rehm (de l'Université de Strasbourg) a posé en principe que les séquestres avaient le devoir de détériorer les entreprises étrangères. Or le Dr Rehm a été lui-même nommé séquestre. N'est-il pas dès lors nécessaire de rendre le gouvernement attentif aux inconvénients de cette théorie nuisible ?

1917. Schloessingk (*conseiller intime du gouvernement*). — Le nombre des déserteurs alsaciens-lorrains est de 18.426. On ne compte pas dans ce chiffre les insoumis et les réfractaires. Le nombre de ces derniers est tenu secret pour des raisons d'ordre militaire. (A noter que le contingent total fourni par l'Alsace-Lorraine aux armées allemandes était de 200.000 hommes).

Brom. — Sur la base d'une ordonnance militaire des enfants de moins de dix-sept ans et des femmes ont été contraints d'exécuter des travaux pour l'armée. Ces malheureux ont été conduits dans la ligne de feu. Il y a eu parmi eux des victimes. Les baraquements étaient insuffisants. On aurait dû au moins y séparer les sexes. (Le député Hauss fait remarquer que des jeunes garçons et des jeunes filles travaillent encore dans les tranchées de première ligne.)

PAIROLES. — A Colmar la police a donné la chasse aux enfants. On obligeait ceux-ci à signer un engagement. Deux jeunes garçons ont succombé aux blessures reçues sur la ligne de feu.

1918. ESSER (*directeur ministériel*). — Depuis le début de la guerre, 1640 personnes ont été arrêtées préventivement, et 1900 expulsées d'Alsace-Lorraine. De ces dernières 1400 sont encore reléguées, dont 740 avec domicile forcé.

SCHLUMBERGER demande pourquoi depuis le 15 mars on refuse toute permission aux soldats alsaciens-lorrains.

LE BARON DE TSCHAMMER ET QUARITZ (*secrétaire d'Etat*) répond qu'après la conclusion de la paix à l'Est, les parents des soldats de l'armée de l'Est ont reçu de leurs enfants des centaines de lettres où il leur était dit qu'ils savaient ce qu'ils avaient à faire si on les transportait sur le front Ouest. Les autorités militaires ont donc voulu éviter que ces soldats, rentrant dans leurs familles, fussent poussés à la désertion.

N'oublions pas que les députés qui parlaient de la sorte devant les membres du gouvernement, savaient à quelles représailles ils s'exposaient e que, dès lors, ils s'appliquaient à ne donner que des faits notoires qu'ils accompagnaient de commentaires plus que modérés. Raison de plus pour attacher la plus haute valeur documentaire aux réquisitoires volontairement atténués qu'ils formulaient contre les dictateurs militaires.

CHAPITRE XI

ÉVACUATIONS, PILLAGES, RÉQUISITIONS

Le *Volksblatt* de Halle, dans un article dont la sincérité nous surprend dans un organe allemand, écrivait à la date du 2 mai 1919 les lignes suivantes :

« En ce qui concerne l'industrie, la concurrence française gênait les usines allemandes. La guerre offrait une occasion unique de ruiner l'adversaire sur le terrain économique. Sous prétexte que du fer devait être fourni aux usines allemandes, des commissions furent chargées d'enlever systématiquement tout ce qui était utilisable dans les pays occupés. Ces commissions s'acquittèrent de leur tâche avec un tel zèle que, pour enlever une simple barre de fer, des constructions entières ont été détruites de fond en comble et n'ont plus une pierre debout. »

Dès 1918 les Allemands se rendaient compte qu'ils devraient abandonner l'Alsace-Lorraine. Il n'est dès lors pas surprenant qu'ils aient essayé d'appliquer aux deux provinces les méthodes savantes de destruction, qu'ils avaient employées en Belgique et dans le nord de la France. C'est ainsi qu'il commencèrent à piller les musées d'Alsace, dont les tableaux les plus remarquables, comme les peintures de Schœngauer et de Grunewald, furent expédiés à Munich.

En même temps le matériel des principales usines de Mulhouse était démonté et transporté de l'autre côté du Rhin. Plusieurs communes, qui se trouvaient dans le voisinage non immédiat de la ligne de feu, furent évacuées. On n'autorisa les habitants qu'à emporter quelques kilos de bagages, afin que le butin de la troupe fût plus considérable. Dès que les malheureux avaient évacué leurs demeures, le pillage systématique commençait.

On ne saura jamais combien les bandits allemands apportèrent de méthode dans leurs déprédations. Les soldats alsaciens, rentrés dans leurs foyers, nous ont fait le récit attristant de ces scènes de brigandage. Depuis 1918 la discipline s'était considérablement relâchée dans les armées du Kaiser. On n'obtenait plus d'efforts sérieux des troupes qu'en leur mettant en perspective le vol organisé. Quand une commune ennemie était occupée, les officiers commençaient par se réserver les objets les plus précieux, puis venait le tour des simples soldats, qui faisaient main basse sur le reste. Des trains complets de marchandises transportaient à destination les colis destinés aux familles des combattants. Un de mes amis, mobilisé dans l'armée allemande, travaillait dans une gare de triage de la province rhénane. Des millions de paquets, renfermant le produit des pillages, passèrent, pendant des mois, entre ses mains. Inutile d'ajouter qu'en bon Alsacien, il sut égarer bon nombre des lettres de voiture, de façon à priver les destinataires du bénéfice des vols de leurs parents.

Pendant cette dernière année de guerre les officiers du front, afin d'être plus sûrs de ravitailler leurs familles, envoyaient à celles-ci des provisions de bouche par des soldats, auxquels ils faisaient accorder des permissions contre tout droit et tout règlement. Les lignes allemandes de l'arrière étaient encombrées de ces permissionnaires fantaisistes qui, sûrs de l'impunité, prolongeaient leurs séjours à l'intérieur du pays, circulaient librement sur tous les réseaux et racontaient, à qui voulait l'entendre, que la guerre était perdue. La révolution allemande ne fut nullement, comme on l'a supposé, l'explosion inattendue du mécontentement général à la suite des dernières défaites. Elle avait été préparée longtemps à l'avance par le désordre qui régnait au front et dont la mauvaise tenue et la malhonnêteté des officiers étaient la cause principale.

Au moment où l'armistice fut signé, les autorités militaires allemandes avaient préparé leur dernière opération de pillage. En effet ordre avait été donné de faire évacuer, par la population civile, Mulhouse, Colmar et toutes les communes de la Haute-Alsace à la date du 13 novembre. Les trains étaient prêts. Or toute ville évacuée était immédiatement livrée à la soldatesque. Quelle superbe rafle officiers et soldats auraient pu opérer dans ces riches régions. La crainte d'un désastre militaire irrémédiable obligea heureusement Ludendorff à capituler avant que ce nouveau crime fût commis. Quarante-huit heures plus tard l'Alsace, suivant la menace de Guillaume II, aurait été « nue comme la main ».

La population des communes alsaciennes évacuées, pendant les premières années de la guerre, fut refoulée, en partie dans les environs des grandes villes du pays, en partie dans le grand-duché de Bade. Ceux qui furent obligés de passer le Rhin connurent toutes les tortures et toutes les humiliations d'un exil au milieu d'ennemis irréconciliables. Après l'armistice, il leur fut difficile de rentrer chez eux et ils durent laisser en Allemagne tout ce qu'ils avaient pu sauver de leurs biens meubles. L'Allemand ne connaît pas de petits profits et il se montre sans pitié même pour les victimes les plus innocentes de sa barbarie.

Aucun pays allemand ne fut, d'un autre côté, soumis à des réquisitions plus féroces que l'Alsace, pendant toute la durée de la guerre. Les paysans durent faire de vrais prodiges d'ingéniosité pour sauver partiellement le produit de leurs récoltes et alimenter ainsi, en secret et sous la menace constante de l'amende et de la prison, les habitants des villes. Quant aux commissions du ravitaillement, dirigées par des immigrés, elles commirent les pires actes d'arbitraire. Seuls les Allemands touchaient pleines rations, les indigènes par contre étaient contraints de se contenter des restes avariés des stocks officiels. A Colmar, le sinistre maire Diefenbach, un magistrat sans conscience et dont les basses rancunes s'affichaient ouvertement, vivait dans l'abondance la plus scandaleuse avec ses créatures, tandis que ses administrés se serraient le ventre. J'ai pu constater, en novembre 1918, que la plupart de mes amis avaient abominablement maigri, tandis que tous les immigrés étaient gras à lard. Toujours, comme on le voit, la théorie du « pays ennemi ». Qu'après cela les Allemands viennent encore nous dire qu'ils considéraient les Alsaciens comme des frères de race.

CHAPITRE XII

FAUSSES NOUVELLES

Une des grandes épreuves des Alsaciens, pendant la guerre, fut la diffusion de fausses nouvelles que les Allemands répandirent à foison. Pas une journée ne se passait, sans qu'on annonçât une grande victoire des troupes germaniques. Hélas ! souvent, malgré les exagérations voulues de l'état-major, ces victoires étaient réelles. Or telle était la foi des annexés dans le succès final de l'Entente, qu'ils se refusaient à croire même aux faits les mieux établis, ou bien qu'ils les interprétaient d'une façon défavorable à leurs maîtres.

Innombrables furent les condamnations, prononcées par les conseils de guerre contre les indigènes qui opposaient les dénégations les plus têtues aux communiqués officiels. Dans *le Poing allemand*, André Fribourg en a donné une longue nomenclature. C'était toujours la même formule qu'on trouvait sur les lèvres des accusés : « Tout ce que les Allemands nous racontent n'est que duperie et mensonge ! »

Il est vrai que les Alsaciens étaient payés pour n'avoir qu'une confiance limitée dans les nouvelles données par les journaux allemands. Au mois d'août 1914, ils n'avaient eu que des haussements d'épaule pour les dépêches signalant des attaques d'avions français sur Nuremberg. Mais les jours suivants on essaya de mettre leur crédulité supposée à plus dure épreuve. C'est ainsi que les dépêches de l'agence Wolf annoncèrent que le décret de mobilisation avait déchaîné la révolution en France, que Paris était en feu, que l'Elysée avait été pris d'assaut par les émeutiers et M. Poincaré assassiné, que les soldats refusaient de partir pour le front.

Quand cette première vague d'insanités eut déferlé sans résultat sur le roc alsacien, les Allemands reprirent une autre antienne. L'armée française manquait de tout, d'effets d'habillement, d'armes et de munitions. On exposa à Colmar le cadavre d'un soldat français, dont les chaussures étaient éculées et les pantalons retenus par des ficelles, pour bien montrer aux annexés en quel état lamentable se trouvaient les troupes ennemies.

Ces sottes manœuvres devaient d'ailleurs se retourner contre leurs auteurs. Bien que les communiqués officiels n'eussent jamais signalé la bataille de la Marne, les Alsaciens avaient fini par apprendre que la France avait remporté une victoire décisive. Comment donc le général Joffre aurait-il pu battre les soldats de Hindenburg, si ses armées n'avaient eu ni canons, ni approvisionnements? Les mensonges effrontés de la presse germanique ne faisaient donc que renforcer la confiance des annexés, qui ne se faisaient pas faute, malgré la menace de l'emprisonnement et de l'exil, de manifester leur joie des succès de l'Entente.

Les Allemands ne cessaient pas, non plus, de se

moquer de la « misérable petite armée anglaise ». Là encore, lorsqu'on apprit, plus tard, que le Royaume-Uni avait décrété la mobilisation générale et que les soldats, de retour du front, racontèrent les exploits des soldats anglais, le mensonge retomba lourdement sur les informateurs allemands. En ce temps-là les Allemands n'avaient que des injures pour les Etats-Unis et leur président, qui toléraient l'exportation des munitions pour les Alliés. Quand, ensuite, l'Amérique intervint dans le conflit, la propagande allemande multiplia les tracts, les affiches illustrées, les graphiques pour démontrer que leur aide serait inefficace. Les Alsaciens, une fois de plus, eurent le sourire et les événements devaient leur donner raison.

Par contre, comme ils souffrirent quand la Russie fut défaillante et la Roumanie écrasée. Ils eurent encore un moment d'angoisse, après la signature des traités de Brest-Litowsk et de Bucarest. Il semblait bien, à ce moment, que tout fut perdu. D'un autre côté on ne pouvait plus nier l'évidence. Et pourtant les annexés ne désespérèrent jamais complètement. Même, aux jours les plus sombres des offensives de mars et de juin 1918, ils affirmaient leur foi en leur prochaine délivrance. D'ailleurs, à cette époque, ils connaissaient déjà l'état de décomposition de l'armée allemande et ils savaient qu'à moins qu'un succès foudroyant ne décidât du sort de Paris, la débâcle de leurs tyrans serait inévitable dans un prochain avenir.

Autre épreuve pour les annexés. Toutes les fois que le communiqué du grand quartier général annonçait une victoire (et ce fait se produisait presque chaque jour) il fallait pavoiser, non seulement les édifices publics, mais encore les maisons particulières. Malheur à qui s'y refusait. C'était l'amende, la prison, souvent la déportation. Les Alsaciens avaient essayé du moins de ne mettre à leurs fenêtres que des drapeaux rouge et blanc, aux couleurs de leur petit pays. Cela ne faisait pas l'affaire du haut commandement militaire, qui voulait qu'on pavoisât aux couleurs de l'empire. Nombreux furent les conflits qui se produisirent à ce propos, Nombreuses les circulaires et les proclamations impérieuses des généraux. Les préfets s'adressèrent même aux évêques, pour que ceux-ci prescrivissent à leurs curés de sortir des drapeaux noir-blanc-rouge.

En même temps les cloches des églises sonnaient à toutes volées, d'ordre de la kommandantur. Ah ! ces sonneries journalières, comme elles énervaient les indigènes ! Ce fut presque un soulagement pour ceux-ci, lorsqu'en 1918, les autorités militaires confisquèrent, pour les envoyer à la fonte, presque toutes les cloches du pays. Du moins on ne devait plus entendre à l'avenir ces carillons assourdissants, par lesquels les Allemands, de plus en plus anxieux, cherchaient à relever leur courage.

Jusqu'aux derniers jours de leur occupation les pangermanistes recoururent au mensonge. Après l'offensive française de 1917, ils avaient froidement affirmé à nouveau que la France était en pleine révolution. En 1918, ils ne se lassèrent pas de proclamer que le bolchevisme faisait des progrès effrayants dans les pays ennemis.

Quels nerfs d'acier il fallut aux Alsaciens pour tenir bon contre tant et de si violentes secousses. Et pourtant, plus la guerre se prolongeait, plus les privations devenaient dures, et plus aussi le moral des annexés s'exaltait. Ils avaient pu croire, les premiers jours, au succès d'une agression foudroyante. Dès que la France et ses alliés eurent fait preuve d'une prodigieuse endurance, ils n'eurent plus aucun doute sur le résultat final. Leur seule crainte, et j'en ai recueilli après coup les échos angoissés, était qu'on ne conclût une paix de conciliation dont l'Alsace-Lorraine eût inévitablement payé les frais. Ah ! rester encore sous le joug allemand, même avec une plus large autonomie, non ! cela jamais et sous aucun prétexte ! L'Alsace vomissait ses bourreaux. Elle ne comprenait pas la victoire sans son complet affranchissement.

CHAPITRE XIII

ASSASSINS

Longue est la liste des malheureux que les Allemands ont lâchement assassinés, après un simulacre de jugement. Citons les noms de quelques-uns.

Gustave Lettermann, de Guebwiller, monte au Ballon avec son fils, âgé de dix-sept ans. Il est accusé d'avoir fourni des renseignements à l'ennemi et d'avoir favorisé la désertion de son enfant. Son délit est si mal caractérisé que, devant le conseil de guerre, l'accusateur ne requiert que quinze ans de travaux forcés. Les juges le condamnent à mort.

Arnold Kielholz est fusillé pour avoir fourni quelques indications aux troupes françaises s'avançant sur Colmar. Fusillé encore l'instituteur Jules-Théophile Adam, parce qu'on a trouvé sur lui quelques croquis des positions allemandes. Fusillé le bûchéron Victor Rieder, de Kruth, père de cinq enfants, toujours pour le même motif. Fusillé le fermier Loewengerth de Thann et le serrurier Adolphe Biehler de Rombach-le-Bas, pour désertion.

A Kaeufling de Logelbach on ne reproche que d'avoir dit aux soldats français : « Méfiez-vous des boy-scouts ». Cela suffit pour le coller au mur.

Mais le cas le plus tragique est incontestablement celui de M. Meyer, entrepreneur de transports à Mulhouse. Nous allons y découvrir toute la fourberie, toute la mauvaise foi et toute la cruauté de la « justice » militaire allemande. Meyer n'avait pas été mobilisé, bien qu'il ne fût âgé que de trente-neuf ans, parce que personne ne pouvait le remplacer à la tête de son importante entreprise. Comme camionneur, Meyer avait de plus obtenu l'autorisation de se rendre souvent, pour affaires, à Bâle. Or voici ce qui advint. Des officiers allemands, ayant pillé le château de Bollwiller, chargèrent Meyer de transporter les meubles volés. L'entrepreneur prit les noms et les adresses de ces bandits en uniforme et eut le tort de montrer le carnet, où il les avait inscrits, à quelques amis. Les autorités militaires en furent informées. Il fallait à tout prix que ce témoin gênant disparût. C'est alors qu'on accusa Meyer de se livrer à l'espionnage et d'avoir clandestinement transporté des correspondances non censurées à Bâle.

Le procès eut lieu devant le premier conseil de guerre de Mulhouse. Meyer, qui était fort de son innocence, opposa les dénégations les plus formelles à tous les chefs d'accusation. Or, pour donner à leur sentence une apparence de légalité, les juges engagèrent vivement le prévenu à reconnaître qu'il avait, par faiblesse, consenti à remettre à la poste suisse quelques lettres privées, dont il ignorait le contenu : « Si vous l'avouez, lui dirent-ils, vous aurez la vie sauve ». Meyer finit par y consentir. On le condamna aux travaux forcés à perpétuité.

Cela ne faisait pas l'affaire des officiers qui redoutaient les révélations de l'entrepreneur de transports. C'est alors que commencèrent les tractations ignobles que Meyer devait payer de sa vie. En l'absence de son avocat, on vint le trouver en prison et on lui tint le langage suivant : « Votre délit était insignifiant. Quelques semaines de prison auraient dû suffire pour donner satisfaction à vos ennemis. La peine qu'on vous a infligée est monstrueuse. Ne l'acceptez pas. Faites appel de ce jugement inique. » Devant ces instances répétées, le condamné finit par céder. Il interjeta appel. Or les nouveaux juges n « avaient pas promis la vie sauve » à l'accusé. Froidement ils le condamnèrent à mort, le 2 septembre 1915. Jamais pareil déni de justice n'avait été entouré de manœuvres aussi bassement criminelles. Ce fut le 13 septembre que la sentence fut exécutée. La veille, Meyer avait écrit à sa femme la touchante lettre que voici :

Prison départementale de Mulhouse (Alsace),
le 12 septembre 1915, à 11 heures du soir.

« Chère Matho, femme inoubliable,

« Avec les quelques mots que je t'envoie par la présente, je viens te dire adieu du fond de mon cœur. Demain matin, 13 septembre 1915, à 6 heures, je marcherai à la mort. Je suis fort et résigné, j'affronte la mort avec la confiance d'avoir toujours fait mon devoir comme fils, homme, époux et père.

« Mon cœur de chrétien bat tranquillement ; sa dernière pulsation sera pour toi, comme ma dernière pensée.

« Console ma chère mère d'une perte qu'elle ressentira cruellement. Dis-lui surtout que je meurs comme un homme, comme un soldat, dans les temps graves de la guerre...

« Que Dieu te protège ! Je t'exprime ma gratitude éternelle pour les neuf années de bonheur non troublé que tu m'as données, pendant lesquelles nous avons partagé tous nos plaisirs et toutes nos peines ! Je te bénis, toi et nos enfants, Claude, Denise et Serge, qui, bientôt, te seront un soutien comme de braves petits cœurs.

« Qu'ils prennent la vie au sérieux.

« Mes fils devront considérer le travail comme le but de leur vie.

« Je vous embrasse tous pour la dernière fois.

« Dieu vous garde tous sous sa protection. Je meurs en chrétien. »

Meyer mourut bravement. Devant le poteau d'exécution il se banda lui-même les yeux et, par deux fois, avant de tomber, il poussa le cri de : « Vive la France ! »

Voilà comment jugeaient les tribunaux militaires chargés d'établir un régime de terreur dans ce « pays ennemi » qu'était l'Alsace !

CHAPITRE XIV

LES SOLDATS ALSACIENS-LORRAINS

Les événements s'étaient précipités en juillet 1914. La plupart des jeunes gens et des hommes mobilisables des provinces annexées furent surpris par la déclaration de l'état de guerre. Impossible de fuir. Plusieurs de ceux qui le tentèrent furent passés par les armes à titre d'exemple. Seuls, quelques centaines d'appelés des communes immédiatement occupées par les troupes françaises dans la Haute-Alsace purent échapper à leur dur destin. Les autres durent obéir à la loi militaire, qui, sur toute l'étendue du territoire, fut appliquée avec la dernière rigueur.

Dès la fin du mois d'août et avant que les classes les plus âgées eussent été appelées sous les drapeaux dans le reste de l'Allemagne, tous les mobilisables alsaciens-lorrains et même des hommes de quarante-cinq à cinquante-cinq ans durent quitter leurs foyers pour la caserne. Quels furent les sentiments de ces malheureux, appelés à combattre contre leur patrie, sous le drapeau de leurs oppresseurs ?

Pour bien le comprendre, il faut rappeler qu'en 1872, 200.000 Alsaciens-Lorrains avaient quitté le pays

M. Alfred Meyer, de Mulhouse, fusillé par les Allemands, le 13 septembre 1915.

pour ne pas être obligés de porter le casque prussien. Depuis lors, les tribunaux allemands condamnaient chaque année à une amende quelques centaines de réfractaires, qui passaient la frontière avant l'appel de leur classe. Cette émigration de la jeunesse ne put jamais être enrayée. La légion étrangère était surtout alimentée par des annexés qui se refusaient à porter l'uniforme allemand.

Un fait tout aussi éclatant. Pendant les quarante-huit années de servitude, l'Alsace et la Lorraine fournirent à la France un contingent énorme d'officiers. En 1914 on comptait, dans l'armée française, 1.200 officiers supérieurs et subalternes et 160 généraux originaires des deux provinces asservies. Or, pendant toute la durée de l'occupation allemande du pays, 13 Alsaciens-Lorrains seulement devinrent officiers de carrière dans l'armée du Kaiser. Il suffit de comparer ces chiffres pour avoir la proportion des opposants irréductibles et des ralliés au nouveau régime. La race alsacienne est guerrière. Napoléon Ier était très fier de ses généraux alsaciens. Sur l'Arc de Triomphe de l'Etoile on ne compte pas moins de 26 héros, qui s'illustrèrent pendant les guerres du premier Empire. Je ne citerai, en passant, que le nom de l'immortel Kléber.

Il est d'autant plus surprenant que, malgré une propagande très active, l'Allemagne n'ait pu décider à embrasser la carrière militaire que 13 renégats alsaciens. Encore presque tous ces transfuges appartenaient-ils à des familles de sang mêlé, comme les Bulach.

Sans doute, un certain nombre de jeunes Alsaciens avaient été contraints d'accepter les épaulettes d'officiers de réserve. Pour ceux qui ignorent tout de l'histoire de nos deux provinces, un mot d'explication est nécessaire à ce propos. Sont admis, en Allemagne, à faire leur volontariat d'un an tous les jeunes gens qui ont obtenu le certificat d'aptitude d'enseignement moderne ou qui ont terminé leur deuxième supérieure dans l'enseignement classique. Le volontaire jouit d'un traitement de faveur au régiment où il appartient à l'élite intellectuelle. Après six mois de service on lui donne les galons de sous-officier. Régulièrement il doit passer son examen d'officier de réserve avant la fin de l'année. La plupart des soldats alsaciens refusaient l'épaulette. Néanmoins, ceux dont les parents occupaient une situation officielle ou qui voulaient eux-mêmes entrer dans une carrière administrative étaient contraints de se soumettre à l'examen, bien qu'il leur fût pénible de porter l'épée et de rester soumis aux périodes d'instruction et à la juridiction des tribunaux d'honneur. L'officier de réserve allemand ne revêtait d'ailleurs l'uniforme détesté que quand il y était obligé par les règlements. On ne saurait donc, du fait qu'un nombre relativement considérable de jeunes indigènes firent ainsi partie des cadres de l'armée allemande, conclure à l'assimilation de la population. Que de fois n'ai-je pas entendu de ces officiers « allemands » en uniforme me confier leurs patriotiques espérances françaises ! Combien ne profitèrent pas de la première occasion, pendant la guerre, pour se rendre. Combien (je puis bien le dire maintenant) rendirent à l'état-major français les services les plus signalés en envoyant par un pays neutre les renseignements les plus utiles sur les opérations de l'ennemi. Ah ! non, ils n'étaient pas Allemands de cœur ces braves gens qui, sous la « livrée du roi », avaient, comme leurs parents et leurs amis, l'unique désir de voir le colosse allemand s'écrouler et la France sortir triomphante de la mêlée.

Donnons maintenant des chiffres. Ils sont instructifs. Pendant la guerre, 23.000 Alsaciens-Lorrains ont pris du service volontairement dans l'armée française. Environ 13.000 se trouvaient en France au début des opérations. Les autres étaient des prisonniers de guerre, qui avaient sollicité l'honneur de se battre sous les plis du drapeau tricolore. Dès septembre 1914, des sections entières de soldats alsaciens se rendirent aux troupes françaises. C'est ainsi que le 89e d'infanterie, en grande partie composé d'Alsaciens et qui, avant la guerre, tenait garnison à Saverne, passa presque tout entier dans les lignes « ennemies ».

Tous ces hommes qui, en abandonnant leur position de combat, risquaient d'être mitraillés par les deux armées en présence, demandaient immédiatement à être séparés des soldats allemands. On faisait droit à leur requête. Les prisonniers alsaciens-lorrains furent ainsi internés dans les camps de Saint-Rambert-sur-Loire, de Monistrol et de Lourdes, où ils jouirent d'un traitement de faveur. Les uns contractèrent, comme je l'ai dit plus haut, un engagement dans l'armée française, les autres travaillèrent, sur leur demande, dans des usines de guerre. Les engagés étaient généralement envoyés dans les régiments de zouaves du nord de l'Afrique. Un grand nombre voulurent cependant combattre sur le front allemand. Munis de faux livrets militaires, ils firent vaillamment leur devoir.

Beaucoup tombèrent au champ d'honneur. D'autres, faits prisonniers et reconnus par les Allemands, furent passés par les armes.

A ce propos une histoire authentique. C'était au camp de Saint-Rambert. Un prisonnier alsacien demandait avec insistance à être envoyé sur le front du nord de la France. L'officier, qui recueillait les engagements, crut devoir le rendre attentif aux dangers spéciaux qu'il y courrait, étant donné surtout que le prisonnier parlait fort mal le français.

— Je sais que je risque ma peau, répondit l'Alsacien ; mais je le fais sciemment, parce que j'ai, dans ma vie, une tache que je veux effacer.

Et comme l'officier, surpris, insistait pour savoir quel délit son interlocuteur avait bien pu commettre.

— Ils m'ont, dit le soldat en baissant la voix et en rougissant, imposé la croix de fer et je veux absolument laver cet affront.

L'officier-interprète Spinner, spécialement chargé du classement des prisonniers alsaciens-lorrains, a recueilli des centaines d'anecdotes tout aussi touchantes. Il compte les publier, avec preuves à l'appui. Ce sera le livre d'or du patriotisme des annexés.

Autre souvenir. En 1915 je rencontrai, un soir, dans un restaurant, un jeune Alsacien, vigoureux et plein d'entrain. C'était Charles Braun, fils d'un industriel de Massevaux. Voici le récit qu'il me fit :

« Au début de la guerre, les Allemands qui connaissaient mes sentiments et ceux de ma famille, m'arrêtèrent et m'internèrent à Wiesbaden. Après six semaines de captivité, je fus incorporé dans un régiment de ligne, avec mon grade de sergent-major. C'est ainsi que je me trouvais, il y a quinze jours, dans une tranchée de première ligne, devant la Bassée, en face de contingents anglais. Nous étions 97 hommes, la plupart Alsaciens-Lorrains. Notre lieutenant fut tué. Restait pour nous commander un jeune aspirant-officier, qui pouvait bien être âgé de dix-huit ans. J'eus tôt fait de m'entendre avec mes hommes. On décida en commun de se rendre. J'allai trouver le chef pour lui communiquer notre décision. Il eut d'abord un mouvement de révolte. Puis, se rendant compte de l'inutilité de toute résistance, il fit l'étrange réflexion suivante : « A tout prendre. cela « ne nuira pas à mon avancement. » A un sergent, qui faisait mine de protester, je mis mon revolver sur la poitrine. Quand tout fut ainsi préparé, je sautai sur le parapet en agitant un mouchoir blanc. Un officier anglais sortit de la tranchée d'en face. Le hasard voulut que ce fût un ancien client de notre maison. Vigoureux shake-hands. Sur mes indications, notre tranchée fut immédiatement occupée par les Anglais et mes camarades envoyés à l'arrière. Je demandai à passer dans les lignes françaises. On fit droit à ma demande et je pus fournir des renseignements utiles à l'état-major. Séance tenante je pris un engagement dans l'armée, où j'entrai avec mon grade. Demain je pars pour le front. »

Charles Braun fit magnifiquement son devoir. Cité à l'ordre du jour, décoré et promu sous-lieutenant, il devait tomber au champ d'honneur pendant l'offensive de Champagne.

Les Allemands n'avaient pas tardé à se rendre compte du nombre énorme de désertions qui se produisaient dans les rangs des Alsaciens-Lorrains. Déjà au début de la campagne le grand quartier-général avait donné l'ordre de ne mettre aucun soldat annexé dans les postes de confiance. Voici deux documents, qui établiront d'une façon irréfutable, combien les Alsaciens-Lorrains étaient suspectés par leurs chefs.

MINISTÈRE DE LA GUERRE
MJ N° 26 447 L5 AI

Berlin, W. 66-11/1 1916.

Secret.

Au sujet du retrait des militaires Alsaciens-Lorrains du front Ouest.

On a proposé, à la suite de nombreuses manifestations de tendances anti-allemandes, constatées chez les Alsaciens-Lorrains, de transférer tous les militaires alsaciens-lorrains vers l'intérieur de l'Allemagne ou vers le front oriental, sans tenir compte de la réputation ou des antécédents de ces militaires, ni des témoignages de leurs supérieurs.

Après examen approfondi de la question et d'accord avec le haut commandement, le ministre de la Guerre estime suffisantes les mesures qu'il a prises au sujet du retrait du front ouest des Alsaciens-Lorrains mobilisables. Par suite, il renonce à transférer indistinctement tous les militaires alsaciens-lorrains soit dans l'intérieur, soit sur le front oriental. Par contre il semble opportun d'éloigner les Alsaciens-Lorrains des services et de tous les postes de l'arrière où ils pourraient prendre connaissance de l'organisation de l'armée et des mesures d'ordre militaire. De même, il conviendra de relever les Alsaciens-Lorrains employés par des officiers supérieurs ou des états-majors comme ordonnances, hommes de liaison ou secrétaires.

Les mesures d'exécution sont laissées à votre appréciation.

Par délégation,

Von WANDEL.

RÉGIMENT D'INFANTERIE
DE RÉSERVE N° 34

Front de l'Ouest, 25 janvier 1917.

—

Ordre du jour.

Comme en ces derniers jours trois Alsaciens-Lorrains ont passé à l'ennemi, je décide que tous les Alsaciens-Lorrains du régiment devront être considérés comme suspects.

Ils seront retirés du front cette nuit même, cantonnés séparément et employés à des travaux de terrassement sur les positions exposées.

Heures de travail : 7 heures du matin à 4 heures du soir.

De 6 à 7, astiquage des effets sous la surveillance de gradés.

Il est sévèrement défendu de fumer pendant le travail et toute conversation avec des civils et d'autres camarades du régiment est interdite.

Toute faveur doit être retirée aux hommes originaires d'Alsace-Lorraine.

Toute allusion à l'ordre du jour ci-dessus, dans des lettres, etc., sera considérée comme un délit de publication de secrets militaires et entraînera les punitions les plus graves.

Signé : VON BIBRA,
Colonel commandant le régiment.

De fait, en 1916 et en 1917, la plupart des Alsaciens-Lorrains furent envoyés sur le front russe. Ils en profitèrent pour déserter en masse. Le lieutenant Beller, chargé du triage des prisonniers en Russie, devait en ramener plus de 6.000 en France avant l'explosion de la révolution. Arrivés à Brest, la plupart de ces braves demandèrent à s'engager dans l'armée française.

Plus tard, quand les Allemands, contrairement aux engagements solennels qu'ils avaient pris, ramenèrent leurs troupes de l'Est en France, les Alsaciens-Lorrains furent de nouveau contraints à se battre contre leurs vrais amis. Là encore, ils profitèrent de toutes les occasions favorables pour se rendre. Lorsque les troupes américaines s'emparèrent de Saint-Mihiel et y firent plusieurs milliers de prisonniers, les soldats originaires des provinces annexées demandèrent à grands cris qu'on les séparât des Allemands. Satisfaction leur fut donnée. Or, tandis que les autres prisonniers défilaient devant les Alsaciens-Lorrains, ceux-ci entonnèrent la *Marseillaise*.

CHAPITRE XV

SIMPLE HISTOIRE

Mon héros était un charmant enfant qui naquit à Colmar en 1892. Je l'appellerai, si vous le voulez bien, de son seul nom de baptême, Jean. Son père tenait un commerce important dans le quartier le plus populeux de la ville. Homme intelligent, intègre, modeste, il avait une haute culture intellectuelle et passait ses soirées en famille à lire à haute voix les dernières productions de la littérature française. La mère, femme d'élite, était la digne compagne de cet Alsacien de vieille souche.

La naissance de Jean coïncida avec la reprise de la politique de sauvage répression que les Allemands employaient pour la deuxième fois, afin de venir à bout des résistances de la population indigène. C'était l'époque où les ordonnances sur les enseignes françaises venaient d'être édictées, où le régime des passeports avait élevé autour de la province une barrière infranchissable, où tous les émigrants se voyaient impitoyablement refuser les permis de séjour, où les journaux indépendants étaient supprimés, où les hommes politiques appartenant au parti de la protestation étaient expulsés.

Jean grandit dans cette atmosphère de suspicion. Il se souvenait qu'à la maison on maudissait le vainqueur, mais à voix basse et derrière les portes bien closes. Souvent il me confia les impressions de sa première enfance. Devant lui les amis de son père ne se gênaient pas. Il était si petit et semblait prêter si peu d'attention aux propos des hôtes de sa famille !

Sa première aventure se produisit alors qu'il avait quatre ans. Il se trouvait dans le magasin de son père, quand un officier allemand y pénétra. L'officier s'approcha de l'enfant et lui tapota les joues. Or Jean s'était réfugié dans les jupes d'une vendeuse, et quand l'acheteur lui demanda : « Voyons, mon petit, je te fais donc bien peur ? » L'enfant répondit en éclatant en sanglots : « Je déteste les Prussiens. »

Jean me raconta plus tard que son père l'avait grondé, d'ailleurs avec indulgence et avec un sourire involontaire aux coins des lèvres, mais que sa mère l'avait longuement embrassé et lui avait accordé le plus généreux pardon.

A sept ans il fallut bien prendre le chemin de l'école. Jean y fit la connaissance du professeur allemand, personnage dur, hautain, toujours prêt à frapper. Le pauvre petit s'appliquait à donner satisfaction à son maître, il n'en obtenait que d'odieuses rebuffades. Le professeur de gymnase a, en effet, le langage grossier et insultant. Aux enfants qu'on lui confie il adresse les plus vulgaires injures.

J'avais un jour prié Jean de me collectionner les termes blessants dont son professeur accablait les petits Alsaciens de sa classe. A la fin de la semaine il m'en apporta une liste de 28 : « singe, idiot, os de veau, canaille » et ainsi de suite. J'en profitai pour faire composer un article que je soumis, en épreuves d'imprimerie, au conseiller supérieur de l'instruction publique, qui me supplia de ne pas le publier, et qui me promit de déplacer, pour éviter tout scandale, le maître modèle.

Quels ne devaient pas être les sentiments des enfants que l'Allemagne livrait à des brutes pareilles ? Un autre professeur de Jean s'adonnait à un sport tout aussi répugnant. Devant les petits désarmés, il se moquait inlassablement de leurs parents : « Vos pères aiment la France, ce pays pourri et décadent, et pourtant ils parlent un français tellement fautif qu'on les montrerait du doigt s'ils allaient à Paris. Et vos mères ! elles copient les modes parisiennes ; mais elles gardent quand même la démarche pesante des Allemandes. Toute votre Kultur française est ridicule, stupide. Vous êtes des Allemands bâtards. Jamais on ne vous traitera trop durement. »

En rentrant chez eux, les enfants rapportaient ces propos de leurs maîtres. Inutile de vous décrire les tempêtes de révolte que leurs récits déchaînaient dans les familles.

Et puis les professeurs allemands se montraient d'une partialité abominable. Aux fils des fonctionnaires immigrés, ils témoignaient toutes les attentions, tandis que toutes leurs sévérités étaient réservées aux petits Alsaciens. Quand Jean me donnait des exemples de cette criante injustice, je me refusais à y croire, tant ce qu'il me disait me semblait exagéré. Force me fut cependant d'admettre la vérité de ses récriminations quand, un jour, il me présenta son cahier de classe en même temps que celui d'un de ses condisciples, vieil-allemand, celui-là. Ce dernier avait copié, mot pour mot, le devoir de Jean. Or, mon petit ami avait un « mal », tandis que le fils de l'immigré s'était vu gratifier d'un « assez bien ».

Je devais d'ailleurs bientôt avoir une nouvelle preuve du mauvais-vouloir, pour ne pas dire davantage, des professeurs allemands. L'un de ceux-ci était chargé des cours de français dans les classes moyennes. On l'avait choisi, à dessein sans doute, parmi ceux qui parlaient le plus mal cet idiome ; car là encore il y avait chez les autorités scolaires un parti-pris d'empêcher les jeunes Alsaciens d'apprendre convenablement la langue qu'avaient parlée leurs pères. Le professeur en question était originaire de Kœnigsberg. C'est lui qui, un jour, corrigeant une version où se trouvait la phrase : « *Das Heer wurde zerstreut* » marqua une faute à tous les élèves qui avaient traduit : « L'armée a été dispersée. » A l'en croire il fallait mettre : « L'armée a été distraite. » Il forçait encore les enfants à prononcer « amicié, picié » parce que le *t* se mouille dans « na*t*ion ».

Jean parlait un français très pur. Or j'avais été surpris qu'en français il eût toujours des notes détestables. Je voulus en avoir le cœur net. Je priai donc Jean de m'apporter un de ses thèmes, et, m'appliquant avec le plus grand soin à serrer le texte allemand du plus près qu'il me fut possible, je fis une traduction que j'eus le tort de croire irréprochable. Le professeur de Kœnigsberg me colla un « très mal » dont je n'ai pas encore digéré l'humiliation.

Je racontai ma mésaventure dans une séance de commission du parlement de Strasbourg. Le représentant du gouvernement, bien qu'il fût Prussien, se tira d'embarras par une gasconnade : « M. le député, me dit-il, ce n'a été là pour vous qu'une juste punition, puisque vous aviez, en violation des règlements, aidé un élève à faire un devoir dont il devait s'acquitter tout seul. »

Je cite ces faits pour bien prouver que Jean n'exagérait en rien quand il prétendait que les professeurs allemands cherchaient à décourager leurs élèves alsaciens.

Les maîtres n'étaient pas seuls à rendre la vie insupportable aux jeunes indigènes. Les condisciples de ces derniers, fils de fonctionnaires ou de commerçants immigrés, formaient un clan dans les cours, et souvent on échangeait avec eux des injures et des coups. Il suffisait que deux jeunes indigènes échangeassent quelques paroles en français pour que la bataille se déchaînât : « *Franzosenkopf, Wackes !* » Ces insultes étaient d'un usage courant chez les jeunes Teutons.

La plus dure épreuve des élèves alsaciens était le cours d'histoire. On leur enseignait surtout les fastes de la Prusse. Toutes les fois que le professeur parlait de la France, c'était en termes méprisants. Louis XIV avait été un brigand, Napoléon Ier, un aventurier vulgaire. Et puis avec quelle joie triomphante le maître parlait des défaites de la France en 1815 et en 1870. Le nom de Sedan revenait toujours en fanfare dans ses exposés. L'incurie française, la lâcheté française étaient ses thèmes favoris, et, quand il les abordait, sa verve était intarissable. Par contre, il n'avait que des éloges pour la bonhomie allemande, le courage allemand, l'intelligence allemande ; car, pour le Germain, il est bien établi que toutes les vertus sont spécifiquement allemandes et que tous les autres peuples méritent le qualificatif ou de barbares ou de dégénérés.

Hélas ! quand il rentrait chez lui, Jean entendait une autre antienne. Les amis de son père se plaignaient de la tyrannie des nouveaux maîtres de leur pays, ils racontaient les persécutions dont ils étaient l'objet : exclusion des fonctions publiques, avantages scandaleux assurés aux fournisseurs d'Outre-Rhin, refus de permis de séjour aux parents et amis de France, surveillance policière, procès de presse. Partout c'était la même plainte qui s'élevait des rangs de la foule asservie, et dans l'âme du jeune homme grandissait la haine, une haine farouche pour ceux qui continuaient à traiter l'Alsace-Lorraine comme un pays conquis. Décidément les indigènes des provinces annexées étaient et restaient des citoyens de seconde classe et jamais, sous le joug abhorré de l'Allemagne, ils n'arriveraient à obtenir, non pas un traitement de faveur, mais simplement le régime de l'égalité. On voulait faire d'eux des ilotes, des parias dans leur propre pays, où toute l'influence, toutes les richesses devaient être exclusivement réservées aux représentants grotesques et odieux de la race privilégiée, du peuple élu, auquel les pangermanistes ont promis l'empire du monde.

Et je vais vous en fournir une nouvelle preuve. Mon petit ami avait tant bien que mal atteint la classe de deuxième supérieure, ce qui lui donnait la qualification pour le volontariat. Il avait à cette époque seize ans et passait pour un jeune homme studieux et appliqué. Or le directeur du lycée fit un jour venir son père, et lui tint le discours suivant :

— Monsieur, votre fils n'a pas d'aptitudes spéciales pour l'étude. D'ailleurs toutes les carrières administratives et libérales sont encombrées. Je ne vous cacherai pas, non plus, que les fils de fonctionnaires ont, par le fait de leurs origines et des protections dont tout naturellement ils jouissent, le pas sur les jeunes indigènes. Vous avez un commerce prospère. Pourquoi dès lors pousser votre enfant à des études qui ne le mèneraient à rien, tandis qu'en lui confiant votre affaire, vous assureriez bien mieux son avenir ?

Le père de Jean comprit. Néanmoins il permit à son fils de persévérer et se contenta de le changer de collège. Cette dernière précaution ne servit à rien, puisque l'année suivante le pauvre petit ne monta pas de classe. Il s'obstina quand même et, après avoir échoué à un premier examen, il obtint enfin à vingt ans son certificat de maturité, le baccalauréat classique allemand.

Jean voulait faire son droit à l'université de Strasbourg. Vers la fin des vacances, son père fut tout surpris de recevoir la visite de deux étudiants allemands abondamment balafrés, qui portaient la casquette plate, l'écharpe et la breloque de couleur, qu'on appelle *Bierzipfel*, des corporations universitaires.

On sait que l'étudiant allemand se fait inscrire dans des associations bizarres, où tout est réglé suivant un rite archaïque. A heure fixe, les porteurs de couleurs se réunissent pour boire leurs chopes de bière du matin. Puis ils font en corps une promenade à pas lents et mesurés dans les rues de la ville, échangeant des saluts cérémonieux, en abaissant leur casquette sur la hanche d'un geste automatique. Le soir, à la *Kneipe*, dans un local loué spécialement à cet effet, ils chantent et boivent sur commandement ; car en Allemagne les plaisirs eux-mêmes sont soumis à la plus rigide discipline. Il est de tradition que les étudiants doivent, pour prouver leur courage, se battre en duel. Ces rencontres sont d'ailleurs enfantines. La tête, les tempes, le cou, les bras des combattants sont matelassés, les yeux protégés par un treillis de fil de fer. On n'échange pas des coups de pointe, mais des coups de fouet, à l'aide d'une rapière dont le bout rond est seul aiguisé. Toutes les blessures sont donc faites sur les parties charnues de la figure, et ne présentent jamais aucun caractère de gravité. Les médecins qui soignent les éclopés, prennent néanmoins soin de mal coudre les plaies produites par les estafilades. Il faut que les cicatrices soient bien visibles. Plus la figure est couturée, plus l'étudiant est fier de porter une marque éclatante de sa bravoure.

Il va sans dire que nos jeunes Alsaciens n'avaient aucun goût pour ces pratiques niaises et que, se séparant de leurs condisciples allemands, ils s'étaient groupés dans un « Cercle » qui plusieurs fois fut l'objet d'enquêtes sévères, et, en fin de compte, supprimé par les autorités académiques, après une perquisition minutieuse faite dans son local par la police strasbourgeoise.

Mais revenons aux deux délégués qui s'étaient rendus officiellement auprès du père de Jean.

Photo A. Braun.

Colmar. — Place Rapp.

— Monsieur, lui dirent-ils, nous venons vous prier de bien vouloir prescrire à votre fils d'entrer dans notre association. Vous savez que les jeunes Alsaciens sont suspectés, et non toujours sans raison, par les professeurs de l'Université. En devenant un des nôtres votre fils affirmera sa volonté d'être un bon Allemand. Notre « corps » compte parmi ses « anciens » les fonctionnaires les plus haut placés. Votre fils jouira donc plus tard de protections efficaces. Il est de son intérêt de ne pas se singulariser comme ses camarades indigènes. Nous lui enseignerons d'ailleurs les bonnes manières allemandes, et plus tard il nous sera reconnaissant des services appréciables que nous lui aurons rendus.

— Je n'ai pas d'ordre à donner à mon fils, répondit le père de Jean. Je vais l'appeler, il vous répondra lui-même.

Mon petit ami était de caractère très décidé. Il opposa un « non » très sec aux deux délégués, qui se retirèrent furieux et menaçants.

— Papa, dit Jean, après leur départ, ne crois-tu pas qu'il vaudrait mieux, pour faire oublier ce pénible incident, que je fasse de suite mon année de volontariat dans l'armée ?

— Peut-être.

De fait, en automne, Jean revêtait l'uniforme de chasseur à pied. Ce que fut, pour lui, cette année de caserne, je le sais mieux que tout autre, car le pauvre garçon, quand ses humiliations étaient trop lourdes à porter, venait me confier son désespoir. Pendant les premières semaines de son service militaire, il m'avait soigneusement évité :

— J'avais honte de me présenter devant vous sous

« la livrée du roi », me dit-il, quand enfin il vint me trouver. Ah! si vous saviez quelles folles envies il me prend parfois de déserter et d'aller m'engager dans la légion étrangère.

— Garde-toi bien de partir, lui objectai-je. Les Allemands se vengeraient bassement sur ta famille. Et puis, chaque Alsacien-Lorrain qui s'en va fait place à un Allemand, et nous ne sommes déjà que trop infestés par cette vermine. Patiente, ton épreuve sera de courte durée, et si plus tard éclate la grande guerre, celle que nous ne souhaitons pas, mais que nous attendons quand même, eh bien! il sera encore temps d'aviser.

La discipline était dure à la caserne. Jean ne tarda pas cependant à s'apercevoir qu'il y avait avec elle des accommodements. Les sous-officiers n'étaient pas indifférents aux cadeaux. Il leur en fit de nombreux et d'abondants, et dès lors il fut dispensé de toutes les corvées. Néanmoins il avait beaucoup à souffrir de la morgue de ses chefs qui traitaient leurs hommes comme des brutes. Il faillit un jour se révolter quand un jeune sous-lieutenant lui donna un coup de cravache pour le forcer à rectifier la position qu'il avait prise sur commandement.

La fin de son année de service approchait, quand tout se gâta brusquement. Le colonel l'avait fait venir :

— Vous êtes un bon soldat, lui dit-il. Je suppose que vous allez vous présenter pour l'examen d'officier de réserve.

— Non, mon colonel, répondit Jean d'un air décidé.

— Et pourquoi?

— Parce que je ne veux pas être astreint aux périodes d'instructions supplémentaires et que, redevenu civil, il me serait déplaisant de rester soumis à la juridiction des tribunaux d'honneur.

— Tous les mêmes, ces satanés Alsaciens. Eh bien ! on vous fera passer votre esprit d'opposition, soyez-en assurés. Je signalerai votre refus à qui de droit.

De fait, à partir de ce moment, la vie de Jean fut un enfer. Avec quelle satisfaction il déposa, après les grandes manœuvres, l'uniforme sur lequel on avait, quand même, cousu les larges galons d'or du sous-officier.

A l'Université, où il entra en 1912, il ne connut encore que des ennuis. Le « Cercle » avait été fermé. Les étudiants alsaciens se réunissaient à la Taverne où ils rencontraient quelques anciens avec lesquels ils s'entretenaient toujours du même sujet : l'insolence des Allemands et les passe-droits dont les indigènes étaient les victimes.

Jean prit part au monôme qu'annuellement les étudiants organisaient, chaque année, autour du monument de Kléber. Cette cérémonie avait le don de mettre la presse allemande en rage et la police sur les dents. Deux à trois cents manifestants traversaient les rues silencieusement en marquant le pas. Puis, ils se groupaient autour du monument du général français et le plus ancien prononçait la phrase traditionnelle : « Saluez Kléber, c'était un brave homme ! »

Cette année-là, on avait voulu interdire le monôme. Jean fut parmi ceux qui couchèrent au poste. Il en tira quelque gloire.

Cependant mon petit ami avait une préoccupation

constante. A la caserne, il avait constaté avec quel soin se préparait la prochaine guerre. Pendant les grandes manœuvres, le général von Deimling, commandant du XVe corps, avait harangué ses troupes et parlé des « pantalons rouges » qu'il faudrait bientôt pourchasser dans les plaines de France. Le Reichstag venait de voter coup sur coup trois lois qui augmentaient d'un tiers les effectifs de paix. Les Alsaciens-Lorrains allaient-ils donc être surpris par les événements et contraints de se battre contre leur ancienne et si chère patrie? Souvent Jean me posait anxieusement cette question, à laquelle je ne savais que répondre.

Or ce qu'il redoutait par-dessus tout arriva. Mon pauvre ami se trouvait à Dresde quand brusquement la guerre éclata. Il fut incorporé dans un régiment saxon.

Par un de ses parents, qui a pu fuir en Suisse, j'ai obtenu les renseignements les plus circonstanciés sur les derniers jours de Jean.

Le malheureux enfant avait écrit à son père la lettre que voici :

« J'ai la mort dans l'âme et les plus noirs pressentiments m'assaillent. Nous partons demain pour la frontière. Tu connais mes sentiments et tu apprécieras ma douleur et ma honte. Sois tranquille d'ailleurs, je te jure que je ne tirerai pas un coup de fusil sur les troupes françaises. Plutôt mourir que de m'exposer à d'éternels remords. »

Jean tint parole. Sa mort fut tragique. Un de ses camarades, alsacien comme lui, se trouvait dans sa compagnie. Les deux jeunes gens échangeaient journellement leurs impressions. Au soir de la bataille de Charleroi, Jean pleura : « Allons-nous donc assister à la répétition de la guerre de 1870? » dit-il à son ami. Pendant la retraite précipitée de l'armée française il ne décolérait plus. A Châlons, la bataille s'engagea de nouveau. Jean se trouvait dans une tranchée de première ligne. Un lieutenant se tenait à ses côtés :

— Sergent, lui dit-il, votre tir est bien défectueux. Toutes vos balles vont s'enfoncer en terre à cent mètres devant nous. Prenez garde !

Jean qui ne desserrait plus les dents, continua à tirer trop bas.

— Je comprends, s'écria tout à coup l'officier. Vous êtes tous des traîtres, vous autres, chiens d'Alsaciens. Il est temps de faire un exemple.

Et, tirant son revolver, il abattit Jean d'une balle à la tête. Mon pauvre ami tomba comme une masse, tandis que le lieutenant disait à ses hommes :

— Voilà comment meurent les amis des Français !

Quelques jours plus tard, le père de Jean recevait du front une lettre émouvante dont voici les passages principaux :

« Monsieur, votre fils est mort de son amour pour la France. Grièvement atteint par la balle d'un officier qui l'accusait d'épargner les Français, contre lesquels nous combattions, il a survécu quelques heures à peine à sa blessure. C'est dans mes bras qu'il a rendu son dernier soupir après avoir reçu pieusement les secours de la religion. Avant de fermer les yeux il m'a chargé d'une mission auprès de vous. « Tu écriras à mon père, « m'a-t-il dit, que j'ai tenu fidèlement mon engage- « ment. Pas une goutte de sang français n'a taché « mes mains. J'ai eu la joie, avant de mourir, de voir

« l'armée française se ressaisir. » Un instant il se recueillit, puis un sourire glissa sur ses lèvres, et, réunissant ses dernières forces, il s'écria : « Vive la « France ! »

Voilà l'histoire authentique de mon ami Jean. Je n'y ai rien ajouté, je n'en ai rien retranché. Et il m'a semblé qu'à la raconter sans presque aucun commentaire je ferais mieux pénétrer mes lecteurs dans la pensée de nos jeunes générations alsaciennes-lorraines.

Souvent, nous autres, qui avions connu les âpres luttes de la période protestataire et l'affaissement qui s'était ensuite produit à l'époque de la dure répression qui s'étendit de 1887 à 1898, nous étions tout surpris de l'ardeur des sentiments anti-germaniques de la jeunesse. Durant les dernières années les recrues de nos luttes patriotiques avaient pris une attitude tellement provocante que nous nous appliquions parfois à modérer leur zèle inconsidéré.

L'explication de ce singulier phénomène est d'ailleurs facile à fournir. Ayant passé par l'école allemande et par la caserne allemande, nos jeunes gens connaissaient mieux que nous la mentalité de nos maîtres. Leur haine s'en était accrue et, par contre-coup, ils se sentaient portés, de tous les généreux enthousiasmes de leur âge, vers l'ancienne patrie, vers cette patrie dont leurs pères leur avaient dit qu'elle était celle de la bonté, de la générosité, de la vraie civilisation.

CHAPITRE XVI

BOURZWILLER

Voici un des drames les plus tristes de la guerre. C'était au temps où l'état-major allemand avait donné les ordres les plus sévères pour que partout on inspirât la terreur aux populations civiles par l'incendie, le pillage et le massacre des non-combattants. Guerre humaine parce que sauvage, puisque l'effroi inspiré par des méthodes de cruauté organisée devait la raccourcir. Telle était la théorie du général Bernhardi, dans ses ouvrages classiques, comme celle de Guillaume II, consignée dans son célèbre télégramme à François-Joseph.

La sinistre tragédie de Bourzwiller se produisit le 10 août 1914. Les Français, qui avaient occupé la commune, en même temps que Mulhouse, le 8, s'étaient retirés le lendemain au soir et les Allemands les avaient suivis de près. Entre 2 et 3 heures du matin, des soldats allemands du 110e et du 111e régiment d'infanterie, trompés par l'obscurité, tirèrent les uns sur les autres. Quatre hommes furent blessés. Ils affirmèrent que des civils avaient, des fenêtres des immeubles voisins, déchargé des fusils sur eux. Or, tous les habitants de Bourzwiller s'étaient, dès 11 heures du soir, réfugiés dans les caves.

Une première patrouille de 8 hommes perquisitionna dans une ferme sans y découvrir personne. Bientôt nouvel incident. Un coup de feu est entendu. Un soldat prétend qu'il a été tiré d'une petite maison, voisine du principal corps de logis. Le capitaine, sans avoir procédé à aucune vérification, ordonne de tirer une salve sur la maison et d'y mettre le feu. Les soldats maltraitent le fermier et sa fille qui sortent en courant de l'immeuble. Puis ils incendient deux autres maisons et quittent le village, pour n'y revenir que le 14 août.

Le lendemain, un fourgon arrivant à Bourzwiller essuie le feu d'une patrouille du 136e régiment d'infanterie allemande. Un dragon d'origine alsacienne est tué. Il était grand matin et les habitants du village dormaient dans leurs maisons encore fermées. Benjamin Schott, paysan aisé, réveillé par la fusillade, sortit, une lanterne à la main, pour remiser ses voitures chargées d'épis. Comme les balles continuaient à siffler, il courut se mettre à l'abri dans la cave avec toute sa famille, se composant de sa femme enceinte et de cinq enfants. L'aîné de ceux-ci avait 17 ans. Peu après, des soldats (c'étaient des Wurtembergeois) firent irruption dans l'immeuble, prétendant que Schott avait tué leur camarade, et l'arrêtèrent ainsi qu'un nommé Nick Zagnac, la veuve Schmitt, avec leurs enfants, et B. Bichler, vieillard de quatre-vingts ans. Puis ils mirent le feu à la ferme, après l'avoir saccagée sous les yeux terrifiés des femmes et des petits.

C'est encore devant ces malheureux qu'à 5 heures du matin Schott, son fils aîné, Nick, son fils, âgé de vingt ans et le vieux Bichler furent fusillés sans jugement. Détail caractéristique, Bichler était presque aveugle et portait deux paires de lunettes superposées. Comment ce vieillard infirme aurait-il pu tirer sur les troupes allemandes? 17 volontaires s'étaient présentés pour procéder à l'exécution. A la même heure les soldats abattaient, à coups de fusil, Fritz Kuneyl, qui sortait de sa maison, attiré par le bruit.

C'est le maire allemand de Mulhouse, M. Cossmann, qui, dans les quelques jours qui séparèrent les deux occupations de la ville par les troupes françaises, fit une enquête approfondie sur les incidents de Bourzwiller. Le dossier fut saisi, à l'hôtel de ville, par M. Helmer, avocat à Colmar attaché à l'état-major du général Pau. Le document est donc irréfutable. M. Cossmann n'avait aucun intérêt à charger ses compatriotes. Or, dans ce dossier nous trouvons la déposition suivante :

« Dès le dimanche 9 août, dit Mme Kuneyl interrogée, nous avons été suspectés par les militaires malgré notre innocence. Lorsqu'on commença à tirer, tous les habitants de notre maison se sont réunis chez nous dans une pièce du premier étage qui servait de magasin à la coopérative... (suit la liste des personnes présentes). Subitement arrivèrent des militaires allemands qui crièrent : « Ici « volets et fenêtres sont fermés, il y a des Français. « Mettez en joue et tirez... » Sur mon intervention, les hommes sont descendus et ont ouvert. Alors, sur leur demande, les soldats reçurent de l'eau, du café, du pain, du sucre, des bas, des « chaussettes russes », etc... et finalement, se montrèrent satisfaits.

« Pendant ce temps, des coups de feu partaient

du pont, près de l'octroi, et nous nous réfugiâmes à la cave avec trois soldats. Alors on tira des coups de feu de l'extérieur dans la cave, mais sans blesser personne. Nous priâmes les trois soldats de sortir et de dire dehors que chez nous on ne tirait pas. Ils le firent et nous fûmes tranquilles un instant.

« Mais lorsque nous fûmes retournés dans notre logement, on tira de nouveau sur la maison. Nous sortîmes de nouveau et nous priâmes les soldats de visiter la maison ; ce qui fut fait... Dans la suite, nous fûmes tous emmenés en plein air en un point de rassemblement, et on nous annonça que nous serions fusillés dès qu'il y aurait un nouveau coup de feu... Chez nous on n'a jamais tiré.

« Vers une heure du matin, on nous permit de quitter le lieu de rassemblement et nous allâmes vers le bâtiment de l'octroi au pont de Bourzwiller, où nous aidâmes à soigner et à panser les blessés.

« Le samedi 15, à deux heures et demie du matin, les coups de feu recommencèrent près de notre maison et je constatai que la propriété Trantzer était en feu. Nous nous sommes immédiatement réfugiés à la cave. Les soldats arrivèrent, frappèrent à notre porte et demandèrent qu'on leur ouvrît. Mon mari monta et voulut ouvrir. A ce moment nous entendîmes deux coups de feu et je constatai plus tard que c'était mon mari qu'on venait de tuer. Ensuite la porte fut forcée et on donna à mon mari mort des coups de baïonnette dans le côté et la nuque. Les soldats visitèrent alors la maison. Lorsque nous remontâmes de la cave, nous fûmes reçus, je crois, par un officier qui nous dit : « Têtes de Français, canailles, fripouilles, « fichez le camp, etc... (*Franzosenköpfe, Lumpenpack,*

« *Lumpenvolk, Macht dass ihr heraus kommt!...*) » On nous menaça de nous fusiller. Alors je demandai qu'on me fusillât, que je préférais cela. (*Ich bat man mœchte mich erschiessen, es wäre mir am liebsten.*)

« Je confirme sous la foi du serment qu'en aucun de ces jours, on n'a tiré un coup de feu de notre maison. Notre maison a été incendiée dans la suite par les soldats allemands... »

D'une autre déposition nous extrayons le passage suivant :

« Entre la route de Kingersheim et les alentours des fabriques Bernheim et Kuneyl, les Allemands arrêtèrent 78 personnes et les conduisirent à Mulhouse ; à leur tête marchaient X... et son fils, qui n'avait pour tout costume que sa chemise. Sa femme, à moitié nue, eut à endurer pendant deux heures les grossières plaisanteries des soldats. Cinquante-six maisons furent incendiées méthodiquement. Bourzwiller avait, ce matin-là, l'apparence d'un gigantesque foyer d'incendie. Les soldats allaient d'une maison à l'autre et poursuivaient leur œuvre destructive, avec de la paille et du pétrole, que les habitants devaient par surcroît mettre à leur disposition. Comme un habitant se tournait vers un soldat et lui demandait pourquoi on s'acharnait ainsi sur cette commune innocente, il reçut cette réponse significative : « Tout doit y passer, coupable ou innocent. » Il fut arrêté avec les siens, contraint de regarder les cadavres des exécutés, et amené à l'endroit où l'on avait rassemblé presque tous les habitants, « cette bande de cochons », suivant l'expression d'un officier allemand. De la forêt partirent des coups de feu. Alors arriva l'ordre de conduire vers Kingersheim cette « bande de pirates », en mettant les civils des deux côtés de la route, et les soldats au milieu d'eux, afin qu'en cas de coup de feu, les civils fussent les premiers atteints. »

Voici encore quelques détails fournis par deux soldats allemands du 136e d'infanterie qui assistèrent au drame et dont les déclarations sont consignées dans le rapport :

« Le bataillon commença à visiter les maisons et à y mettre le feu sur l'ordre des officiers.

« Sous les lits on amoncela de la paille et on y mit le feu, tandis qu'on incendiait aussi les granges. La population fut rassemblée et conduite à une forêt qui se trouve devant le village : il y avait des hommes, des femmes, des vieillards, des enfants, et l'on ne laissait à aucun d'eux le temps de s'habiller. Les femmes, les mains levées, imploraient la pitié des soldats, mais ceux-ci leur répondaient en les menaçant de leur baïonnette. Des hommes aussi furent emmenés, parce qu'on prétendait avoir trouvé des armes dans leurs maisons ; un d'entre eux doit avoir eu dans sa poche un revolver (fait reconnu inexact). Le capitaine Kühne (3e compagnie du 136e) ordonna à un autre témoin, qui n'avait pas la moindre envie de se montrer barbare, de mettre le feu à une maison. L'homme s'y refusa, parce qu'il ne pouvait le faire en qualité d'Alsacien et qu'il n'existait aucune preuve que les civils eussent tiré sur les troupes. Kühne n'insista pas davantage et n'inquiéta pas le soldat. Il fit même remarquer au commandant Trotz von Solz qu'on prenait une grave responsabilité, si l'on faisait exécuter des civils et brûler le village. Mais le commandant exigea l'exécution complète de ses ordres. Il fit amener les cinq hommes qui avaient été condamnés à mort, parce qu'on les avait trouvés en possession d'armes et les fit fusiller par les hommes de la 1re compagnie sur deux rangs. Les malheureux Alsaciens, calmes et résignés, sans qu'on leur eût attaché les mains et bandé les yeux, regardèrent courageusement la mort en face. Tous tombèrent morts à la première salve, exception faite pour un jeune homme de dix-sept ans, qui resta debout, et à qui deux ou trois soldats durent donner le coup de grâce. Le commandant du 1er bataillon, les commandants Derichs de la 1re compagnie et Kühne de la 3e, assistèrent à l'exécution. Les femmes et les enfants furent contraints de passer devant les cadavres qui gisaient dans une mare de sang, afin que ce triste spectacle se gravât bien dans leur mémoire... »

Un ouvrier déclare au maire Cossmann que les soldats allemands ont fait coucher des civils échappés du village dans le fossé de la route.

« Vers 3 heures et demie, ajoute-t-il, le petit enfant de Joseph Trantzer, propriétaire de la tuilerie, vint vers nous et me dit d'aller chez eux, les soldats prétendant qu'on avait tiré de leur maison et voulant l'incendier. J'ai essayé de garder le petit auprès de moi parce que le logement Trantzer brûlait déjà ; mais il se sauva bien qu'il fut en chemise. Pendant que j'étais dans le fossé, les Allemands mirent le feu à la fabrique Bernheim. Ensuite un petit lieutenant, dont je n'ai pu voir le numéro du régiment, à cause de l'obscurité, me questionna au sujet du propriétaire de la fabrique Kuneyl (citoyen français). Après que je lui eus donné le nom, il déclara : « On a tiré de cette fabrique... Allez les hommes ! Incendiez tout! » — Cela fut fait immédiatement. — J'ai vu ensuite comme un soldat allemand a tiré sur la maison Schlegel. Le même officier revint et dit : « Vous entendez!... On a de nouveau tiré d'une maison! »... A la suite de cela, la maison Schlegel fut incendiée, et il en fut ainsi d'une maison après l'autre. Je puis affirmer que, pendant tout le temps, aucun coup de feu n'a été tiré de ces maisons ou fabriques. Après qu'on nous eut chassés de notre maison, elle fut également incendiée. L'officier en question déclara encore : « Tout le village doit être la proie des flammes, et vous devriez tous être fusillés. »

Des faits semblables se produisirent le 20 août 1914 à Dalhein, village lorrain du canton de Château-Salins.

Voilà comment les Allemands traitaient cette « bande de cochons » d'Alsaciens. Et on voudrait nous faire croire aujourd'hui que l'Alsace fut et est restée allemande de cœur! Quelle mauvaise plaisanterie! Depuis 1871 les conquérants de la province ne s'étaient jamais fait illusion sur les sentiments de la population indigène à leur égard. Dès que la guerre leur a permis d'exercer, sur des adversaires corrects, mais irréconciliables, des représailles scélérates, ils n'ont pas manqué de s'abandonner à leurs criminelles fureurs. L'affaire de Bourzwiller restera une tache ineffaçable à l'honneur militaire allemand. Les porteurs de la « livrée du roi » n'étaient que d'infâmes bandits. Ils l'ont prouvé, non seulement en Belgique et dans le Nord de la France, mais encore dans cette Alsace, qu'ils disaient terre allemande!

CHAPITRE XVII

LES RUINES

Sur toute la ligne de feu de nombreuses communes ont été complètement détruites. Cernay, constamment bombardé, ne présente plus une seule maison qui soit épargnée. De loin la silhouette de la coquette petite ville semble intacte. Au fur et à mesure qu'on s'en approche on découvre les toits éventrés. L'intérieur de l'église, sous la voûte crevée en cent endroits, est un champ de désolation. Dans les fabriques les machines tordues dressent leurs moignons informes vers le ciel. Aujourd'hui, au milieu de ces décombres, qui menacent de crouler au premier choc, une partie notable de la population est revenue. La vie a repris dans ce cimetière. L'Alsacien est tenace, il reste attaché à la demeure familiale. Où et comment les vaillants reconstructeurs arrivent-ils à se loger? Je l'ignore; mais ils sont là, bien décidés à restaurer leurs habitations et à reprendre leur vie d'autrefois, avec, en plus, la haine des Boches, cause de leurs malheurs immérités.

En face, Thann a un peu moins souffert; mais là aussi les blessures de la cité sont encore nombreuses. Certains quartiers ont complètement disparu. Vieux-Thann n'existe plus. La collégiale, chef-d'œuvre de l'art gothique, a été plusieurs fois atteinte par les obus allemands. Son élégante silhouette se dresse cependant fièrement, comme pour célébrer, avec la victoire, le courage et l'endurance des Thannois. Ceux-ci n'ont, en effet, jamais consenti à quitter la ville martyre. Il y eut de nombreuses victimes ; mais les survivants continuaient à travailler sous le feu des batteries allemandes.

Une vingtaine de villages avoisinants ont subi le même sort que Thann et Cernay. Mais c'est surtout sur les hauteurs de l'Hartmannswillerkopf, le « vieil Armand », comme l'appelaient les poilus, que nous trouvons les vestiges tragiques de la grande lutte. Là, devant les formidables travaux de fortification et autour d'eux un paysage de mort se présente à nos yeux. Tous les arbres sont déchiquetés, le sol n'est plus qu'une succession ininterrompue d'entonnoirs. Partout des croix qui marquent les tombes des héros. C'est par dizaines de mille qu'il faut compter les soldats qui sont tombés là pour la conquête de quelques mètres de terre. Comme les champs d'Ypres, comme la forêt de l'Argonne, le vieil Armand vit, pendant des mois, se dérouler des luttes épiques, qu'aucun barde ne pourra jamais célébrer dignement ; car ceux qui écrivirent ce long poème de vaillance ont presque tous disparu.

Entre Cernay et La Chapelle-sous-Rougemont, sur plus de 20 kilomètres de profondeur piquets, fils de fer barbelés, chevaux de frise, tranchées, abris forment un fouillis inextricable. Il faudra des années de travail pour rendre à la culture ces terres, qui autrefois nourrissaient la population de leurs riches récoltes.

Même spectacle plus haut, au Ballon, au Linge.

Wattwiller n'est plus qu'un monceau de ruines, Guebwiller est meurtri, Sewen a été incendié lâchement par les Allemands. Soultzern et Metzeral ne sont plus. Munster montre ses plaies saignantes. Mais, pour être complet, il faudrait citer trop de noms de communes sacrifiées, au cours d'une lutte qui se prolongea pendant plus de quatre années, sans presque se déplacer. Je me bornerai à citer encore le courage des marcaires d'Orbey et de Lapoutroie, comme de ceux des fermes de la vallée de Sainte-Marie-aux-Mines, qui, malgré la pluie d'obus, ne consentirent pas à quitter leurs fermes pour se mettre à l'abri.

A l'arrière les villes et les villages d'Alsace ont été épargnés. Tous les jours des escadrilles d'avions français survolaient le pays. Cependant les bombes épargnaient les maisons d'habitation. Elles ne tombaient que sur les casernes et les parcs d'aviation de l'ennemi. La population alsacienne avait une confiance absolue dans les « oiseaux de France ». Bien qu'ordre fut donné de se mettre à l'abri, dès qu'un avion était signalé, les annexés sortaient de leurs demeures et suivaient avec une attention souriante les évolutions des chevaliers de l'air. Il y eut des victimes ; mais, de l'avis des indigènes, ce furent les projectiles des canons anti-avions qui provoquèrent les morts et les blessures. Les Alsaciens n'admettaient pas qu'un aviateur français pût leur faire le moindre mal. On était de la famille. Plusieurs condamnations furent prononcées par les conseils de guerre contre des indigènes qui accusaient les canonniers allemands d'avoir volontairement bombardé les villes alsaciennes, sous prétexte d'abattre des avions ennemis. C'est ainsi qu'à Colmar, quand une bombe, tombant sur une maison de la rue Vauban, y tua deux vieillards, toute la population prétendit que l'accident avait été provoqué par un obus allemand. Les officiers s'indignaient de ce « parti pris » : mais de quoi ne s'indignaient-ils pas dans ce milieu qui, malgré les pires menaces et les plus odieuses persécutions, leur restait délibérément hostile?

CHAPITRE XVIII

HUMOUR

Les Alsaciens n'ont jamais, même aux plus mauvais jours, perdu leur bonne humeur. Le pays, que firent rire si longtemps, en temps de paix, les artistes caustiques qui portent le nom de Hansi et de Zislin, devait encore, pendant la guerre, donner libre cours à sa verve vengeresse. Innombrables étaient les bons mots qu'on se racontait sous le manteau, pour prendre l'épreuve en patience.

Toutes les fois qu'un communiqué officiel allemand, placardé sur les murs, annonçait quelques centaines de prisonniers, il se trouvait toujours un loustic pour ajouter quelques zéros au chiffre indiqué. Par là les Alsaciens marquaient leur dédain pour les vantardises de l'état-major.

***

Voici une historiette authentique, qui rentre dans le même ordre d'idée. Suivant la coutume barbare adoptée par les Boches, un sous-officier, flanqué d'un piquet de soldats, promenait dans les rues de Strasbourg, quatre alpins, faits prisonniers la veille près du Donon. Or un gamin vint brusquement se placer devant le sous-officier boche et désignant d'un geste très large les quatre Français il se mit à déclamer : « Nous avons fait quatre mille prisonniers. — Sauve-toi bien vite, hurla le gradé allemand, sinon je t'arrête. » Le gamin, gagnant un peu d'espace, cria, aux applaudissements de la foule : « Si vous m'arrêtez, cela en fera cinq mille. » Et il détala au plus vite.

*
* *

A Mulhouse des enfants jouent à la guerre. Survient un officier qui suit leurs évolutions avec intérêt : « Qui êtes-vous ? » demande-t-il à celui des petits qui semblait diriger la manœuvre : « Nous ? répond le gamin, on est les Français et les Anglais. — Mais où sont les Allemands ? » insiste l'officier. — « Où voulez-vous qu'ils soient, déclare froidement le gamin. Ils se sont depuis longtemps sauvés. »

*
* *

En bon allemand la pomme de terre s'appelle *Kartoffel*, en dialecte alsacien *Ardæpfel*. Un officier observe le travail d'un paysan.

— Que faites-vous là ? brave homme, demande-t-il.

— Je plante des *Ardæpfel*.

— Dites donc *Kartoffel*.

— Bah ! quand elles seront mûres, on les appellera tout de même des pommes de terre.

*
* *

Les communiqués annoncent chaque jour la prise de 100 à 200.000 soldats russes. Nicolas a fait le total : il y a plusieurs millions de prisonniers.

— Où peuvent-ils bien fourrer tous ces hommes ? interroge-t-il.

— Sois tranquille, répond Joseph, on pourrait en parquer encore bien davantage dans les colonnes des journaux.

*
* *

Il y avait en Suisse trois internés, un Allemand, un Anglais et un Français. Comme de juste ils se querellaient. Chacun prétendait avoir la plus grande endurance.

— Je vais vous mettre à l'épreuve, leur dit leur hôte suisse. Et il les enferma tous dans l'étable d'un bouc.

Au bout d'un quart d'heure le Français suffoqué demandait grâce. L'Anglais tint trente minutes. Un peu plus tard, on entendit un affreux vacarme dans l'étable. Le Suisse ouvrit la porte et le bouc s'échappa en criant :

— Tuez-moi, si vous le voulez ; mais il m'est impossible de rester une minute de plus à côté de cet Allemand malodorant.

*
* *

Honteux d'avoir massacré les habitants de Bourzwiller et d'avoir incendié les maisons du village, les Allemands affirmaient que ces crimes avaient été commis par les Français. On condamnait à la prison ceux qui refusaient de colporter cette légende. Or, un officier, rencontrant un enfant dans les rues du village, lui demanda :

— Qui donc a mis le feu à ces maisons?

— Les Français, répond l'enfant en souriant; mais ils portaient un uniforme de la même couleur que le vôtre.

***

Un officier croise un ouvrier mulhousien et lui pose la question suivante :

— Quelle est la distance d'ici à Belfort?

— Oh! dit l'ouvrier d'un air détaché, je mettrais bien de neuf à dix heures pour y aller à pied; mais je crois qu'il vous faudrait, à vous, un temps beaucoup plus considérable, quoique vous soyez à cheval.

***

Dans un magasin de nouveautés.

Entre un enfant :

— Donnez-moi deux mètres d'étoffe bleue pour fabriquer des drapeaux bavarois (bleu et blanc).

— Ne veux-tu pas aussi de la toile blanche? demande la demoiselle de magasin.

— Oh! non! papa a dit que nous avions assez de blanc et de rouge.

***

Voici le *Pater* de l'empereur Guillaume, qui fit le tour de toute l'Alsace et entraîna la condamnation d'une centaine de personnes :

« Empereur, qui règnes à Berlin, — Que ton nom soit maudit, — Que ton empire disparaisse, — Que ta volonté ne soit plus jamais faite ni au ciel, ni sur la terre, — Tu ne nous donnes pas notre pain quotidien, — Paye nos dettes, comme nous sommes obligés de payer les tiennes, — Tu nous as induits dans le malheur, — Nous nous délivrons de ton mal, — Car tu n'as plus aucune force et aucune puissance pour tous les temps. — Ainsi soit-il !

***

Voilà comment les Alsaciens prenaient leurs douleurs en patience. Même quand leurs yeux étaient pleins de larmes, ils gardaient le sourire, parce qu'ils avaient foi dans la victoire.

CHAPITRE XIX

LE JOUR DE GLOIRE

Dès les premiers jours de 1918, les Alsaciens étaient renseignés sur le mauvais esprit des troupes allemandes. On commençait à parler ouvertement de la débâcle prochaine de l'impérialisme prussien. Bien que l'état-major empêchât les soldats, originaires du pays, de passer leurs congés dans leurs familles et fît étroitement surveiller leurs correspondances, la vérité s'imposait à tous. Les fonctionnaires allemands avaient perdu leur morgue. La police se montrait moins rigoureuse. Les condamnations devenaient plus rares. Souvent on entendait un Allemand dire d'un air résigné : « Eh bien ! oui. Vous allez redevenir Français. » Et le bon apôtre ajoutait : « Ne vous montrez pas trop durs vis-à-vis de nous. On n'a fait qu'obéir aux ordres d'en haut, en vous maltraitant. »

Les offensives allemandes de mars et de juin ne produisirent aucun effet sur l'esprit averti des Alsaciens. Tout au plus redoutèrent-ils une prolongation de leurs souffrances. Ils savaient que la bête blessée ne se relèverait jamais. La vieille discipline prussienne n'existait plus. Les soldats se révoltaient presque ouvertement contre leurs chefs. Ils ne cachaient pas qu'au front des régiments entiers avaient refusé de marcher au feu et que, dans toute l'armée, l'arrivée des contingents américains avait produit un profond découragement. Les plus optimistes parlaient maintenant d'une paix blanche. On n'arriverait jamais, même si Paris était occupé, à briser l'endurance des alliés. Quant au reste, les privations devenaient trop dures et, à tout prix, il fallait éviter une campagne d'hiver.

Les temps n'étaient plus, où la presse officieuse pouvait faire prendre patience aux affamés en leur décrivant les greniers inépuisables de l'Ukraine et de la Russie bolcheviste. Nul n'ignorait plus que toutes ces richesses alimentaires n'étaient qu'un mythe. Alors quoi ? se serrer encore le ventre pendant un an. Recevoir encore des lettres désespérées de l'arrière Se faire tuer en pure perte ! Et pour qui ? Les soldats avaient reçu, par la propagande aérienne des alliés, des tracts instructifs. Eux, aussi, avaient perdu la foi dans les communiqués. Bien que leurs officiers le leur défendissent rigoureusement, ils lisaient avec avidité et répandaient autour d'eux les feuilles volantes que les avions ennemis leur jetaient à profusion. Et tombant sur un terrain si merveilleusement préparé, la semence de révolte levait en moissons d'anarchie.

Les Alsaciens surveillaient attentivement la marche des événements. Lorsque, vers la fin du mois de juillet, les communiqués commencèrent à parler du « repli élastique » des troupes de Ludendorff, ils ne cachèrent plus leur joie. Du front arrivaient maintenant des lettres révélatrices. La censure laissait tout passer. Il fallait que le désordre fût bien grand, pour qu'elle relâchât à ce point sa surveillance. D'autres indices marquaient le désarroi des Allemands. Les déportés les plus compromis revenaient, un à un, en Alsace. Tous racontaient que, de l'autre côté du Rhin, le désespoir régnait dans la population civile. On les avait sans doute relâchés, pour qu'ils ne fussent pas les témoins de la révolution qui se préparait. Avant de mettre un terme à leur exil, on leur avait parlé ouvertement de la neutralisation de l'Alsace-Lorraine, dans l'espoir que, rentrés chez eux, ils feraient une utile propagande pour cette solution bâtarde du conflit franco-allemand. De leurs récits il ressortait encore que les officiers et les soldats du front envoyaient à leurs familles, par trains entiers, des meubles, des tableaux, des bijoux, volés hâtivement dans les régions évacuées du nord de la France. C'était partout, à les en croire, la débandade qui précédait la défaite.

En même temps, les fonctionnaires allemands multipliaient leurs marques de déférence pour les indigènes. On pouvait maintenant parler français dans les rues sans s'exposer à aucune remarque déplaisante. Bien mieux, les hommes, qui parlaient encore quelques mois auparavant de démembrer le pays d'empire et de déporter sa population, se déclaraient prêts à donner à l'Alsace-Lorraine la plus large autonomie. Au Reichstag des débats mouvementés eurent lieu. A la surprise générale, le Dr Ricklin, député d'Altkirch-Thann, un des plus fermes soutiens du germanisme, déclara que la solution autonomiste du problème alsacien-lorrain était largement dépassée par les événements. Son collègue, l'abbé Hægy, reprit la même thèse avec plus de vigueur. Ces deux discours furent écoutés dans le silence le plus profond, alors que, quelques semaines auparavant, ils auraient soulevé des tempêtes de protestations et entraîné pour leurs auteurs les sanctions les plus tragiques.

Le chancelier n'avait d'ailleurs pas attendu cette manifestation publique de l'opposition irréductible des annexés pour tenter une dernière diversion. M. de Dallwitz, la brute que les gouvernements antérieurs avaient imposée comme Statthalter à l'Alsace-Lorraine, avait été rappelé, ainsi que son collaborateur, le secrétaire d'Etat, von Tschammer. Le prince Max de Bade les avait remplacés par le maire alsacien de Strasbourg, M. Schwander, et par le chef du parti du centre, M. Hauss, leur abandonnant le soin de modifier à leur guise la constitution de l'Alsace-Lorraine.

Cette concession venait d'ailleurs trop tard. MM. Schwander et Hauss ne réussirent pas à constituer un ministère. Tous les parlementaires strasbourgeois refusèrent les portefeuilles qu'on leur offrait. On me permettra ici de raconter un petit incident qui, mieux qu'une longue dissertation, nous renseignera sur la mentalité déconcertante des Allemands.

Il y avait à Strasbourg un fonctionnaire, renommé pour son nationalisme intransigeant et pour son fol orgueil. Nul ne se montra jamais plus dur pour les indigènes. Le personnage s'appelait Pauli. Grâce à son mariage avec la fille du sous-secrétaire d'Etat à la justice et aux cultes, il avait fait une rapide carrière. Il était la terreur des journalistes, qu'il poursuivait d'une haine particulière.

Or, lorsque M. Hauss, nommé secrétaire d'Etat, vint s'installer dans les bureaux de M. de Tschammer, la scène suivante se déroula. Pauli, appelé par son nouveau chef, s'inclina profondément.

— A vos ordres. Excellence, dit-il humblement.

— Pardon ! répondit Hauss, avant de vous maintenir dans vos fonctions, je tiens à m'assurer que vous servirez fidèlement le nouveau gouvernement autonomiste d'Alsace-Lorraine.

Pauli se redressa soudain et déclara d'un air pincé :

— Excellence, je suis un fonctionnaire prussien. Or il est de tradition dans notre administration et c'est notre orgueil, de servir tous les gouvernements réguliers. Vous pouvez donc compter sur mon entier dévoûment.

Hauss, absolument médusé par cette étrange conclusion de prémisses qui en appelaient une autre, ne put dissimuler un sourire et très aimablement il dit à son interlocuteur :

— Dans ces conditions, M. le conseiller intime, prenez place et recevez mes instructions.

Hélas ! le malheureux Hauss ne devait pas trouver la même souplesse dans les rangs de ses anciens collègues. La Chambre d'Alsace-Lorraine, dans les premiers jours de novembre, décida de déposer le gouvernement. Après une séance orageuse, une délégation se rendit au palais du Statthalter pour signifier sa déchéance à M. Schwander. En même temps la Chambre, qui, d'un geste dédaigneux, avait écarté le Sénat, nommait les nouveaux titulaires du ministère. C'était la révolution.

M. le Dr Pfléger, un nationaliste alsacien de la couleur la plus accusée, prit la direction de l'Intérieur. Il vit, à son tour, tous les conseillers intimes lui présenter leurs humbles hommages. Rien de plus amusant que de l'entendre raconter les platitudes dont il fut le témoin réjoui.

Avec l'annonce de l'armistice qui, dans la population indigène, déchaîna une tempête d'allégresse, devait se produire une tentative de révolution soviétiste. Des marins de Kiel étaient arrivés à Strasbourg et à Metz. Ils avaient immédiatement installé partout des conseils d'ouvriers et de soldats. Les troupes qui, en débandade, revenaient du front, s'étaient mises à la disposition des soviets. La situation devenait grave. Les drapeaux français qui, à la barbe des fonctionnaires de l'ancien régime, avaient été arborés dans toutes les villes et dans toutes les bourgades d'Alsace, furent remplacés par des drapeaux rouges, sur l'ordre des révolutionnaires allemands.

Le peuple alsacien est heureusement peu accessible aux théories avancées. Profondément démocrate, il a néanmoins horreur du désordre. Les chefs socialistes Imbs et Peirotes s'employèrent à modérer le zèle des soviets. Grâce à leur intervention habile et énergique le gouvernement parlementaire put se maintenir. On négocia, tant bien que mal, avec les conseils d'ouvriers et de soldats. Les deux pouvoirs finirent par s'entendre. Il devenait d'ailleurs chaque jour plus évident que l'Allemagne, désormais vaincue et complètement désorganisée, devrait abandonner définitivement l'Alsace-Lorraine. Les troupes en retraite n'étaient plus que des troupeaux sans bergers. Dans les restaurants de Strasbourg, de Colmar et de Mulhouse, les soldats procédaient publiquement à la dégradation des officiers, leur arrachant leurs épaulettes, brisant leurs épées, se vengeant des humiliations passées en leur prodiguant les plus basses injures. Et le spectacle était lamentable de ces hobereaux jadis si orgueilleux, qui acceptaient, en baissant la tête et sans le moindre signe de révolte, toutes ces avanies de leurs anciens subordonnés.

Les troupiers vendaient encore à la population leurs armes et tous les approvisionnements militaires. Un camion valait 100 marcs, une mitrailleuse, 30, un fusil, 5. La population pouvait librement piller les magasins de l'intendance. Personne ne s'y opposait. Vivres et munitions étaient à la disposition du premier venu. Ce furent des jours d'invraisemblable anarchie.

Or, avec la liberté reconquise, les Alsaciens avaient immédiatement étalé au grand jour leurs vrais sentiments. Personne ne parlait plus d'autonomie. Par contre à toutes les fenêtres flottaient des drapeaux de France, drapeaux improvisés, taillés en hâte dans des draps, dans des housses de lits, dont le bleu déteignait à la pluie, mais qui n'en étaient que plus touchants. A toutes les boutonnières, à tous les chapeaux on voyait des cocardes tricolores. Et, phénomène singulier, les Allemands, redoutant les colères de leurs anciennes victimes, rivalisaient de zèle avec la population indigène pour pavoiser leurs maisons et fleurir leurs habits aux couleurs françaises. Il fallut les rappeler énergiquement à la pudeur. C'est ainsi qu'à Strasbourg une association de jeunes gens se forma pour arracher les drapeaux des immeubles allemands.

L'évacuation de l'Alsace par les vaincus s'opérait cependant avec trop de lenteur au gré de la population indigène, que par ailleurs les excès des soviets inquiétaient. Des délégations furent envoyées aux généraux français pour les prier d'avancer l'heure fixée pour leur arrivée. Ce que fut l'entrée des libérateurs, à Mulhouse, à Colmar, à Metz, dans toutes les petites villes, dans tous les villages d'Alsace, je renoncerai à le dépeindre. Jamais aucun pays ne vit pareil débordement d'enthousiasme. Ovations interminables, discours débordant de joie, délire patriotique des foules, ceux-là seuls pourraient nous dire ce qu'ils furent, qui prirent part à ces fêtes prodigieuses. Les Allemands, restés en Alsace, n'en croyaient pas leurs yeux et leurs oreilles. C'était donc à cette éclatante faillite qu'aboutissait leur longue politique de germanisation! Eh! oui! le peuple alsacien avait gardé fidèlement son indéfectible attachement à la France et, après un demi-siècle d'oppression, il pouvait enfin librement manifester son bonheur d'être délivré de la pire tyrannie et de retrouver la patrie tendrement aimée.

Je ne m'attarderai pas davantage au récit du voyage des présidents en Alsace-Lorraine en décembre 1918. MM. Poincaré et Clemenceau, accompagnés des ambassadeurs et des généraux de l'Entente, firent une entrée triomphale à Metz, à Strasbourg, à Colmar, à Mulhouse. Ils connurent toutes les ivresses de la gloire. Partout, dans les rues encombrées d'une foule délirante, ils furent interminablement acclamés, partout ils passèrent sous des voûtes joyeuses de drapeaux tricolores. Pas une note discordante. Tout le peuple était à la joie. La France rentrait chez elle, après une absence de quarante-huit années et elle retrouvait tous ses enfants, tels qu'elle les avait laissés. M. Poincaré avait raison de le proclamer, après ces journées inoubliables, le plébiscite était fait.

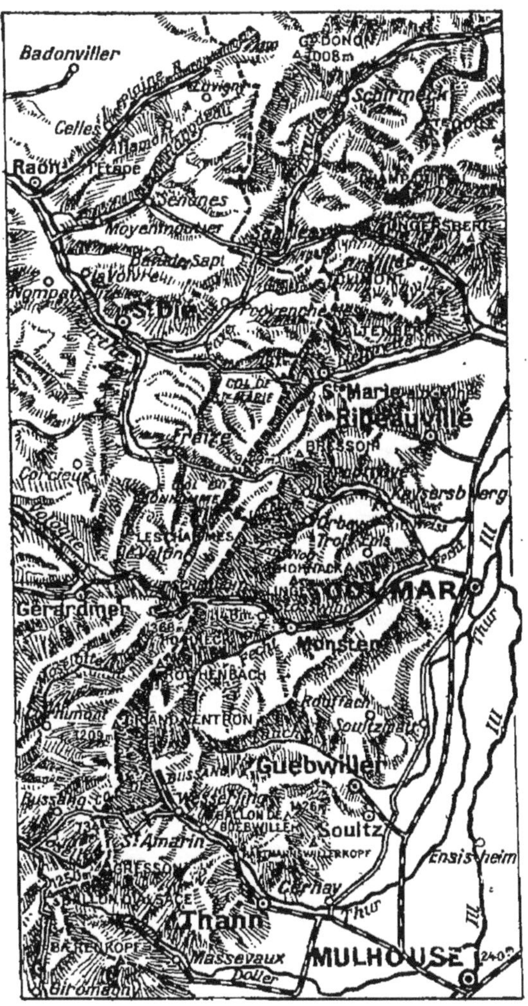

Badonviller
Celles
Raon
Senones
Moyenmoutier
St Dié
Schirmeck
Fraize
Corcieux
Kaysersberg
Gérardmer
Munster
Rouffach
Guebwiller
Soultz
St Amarin
Ensisheim
Thann
Masevaux
MULHOUSE
Doller
Thur
Ill

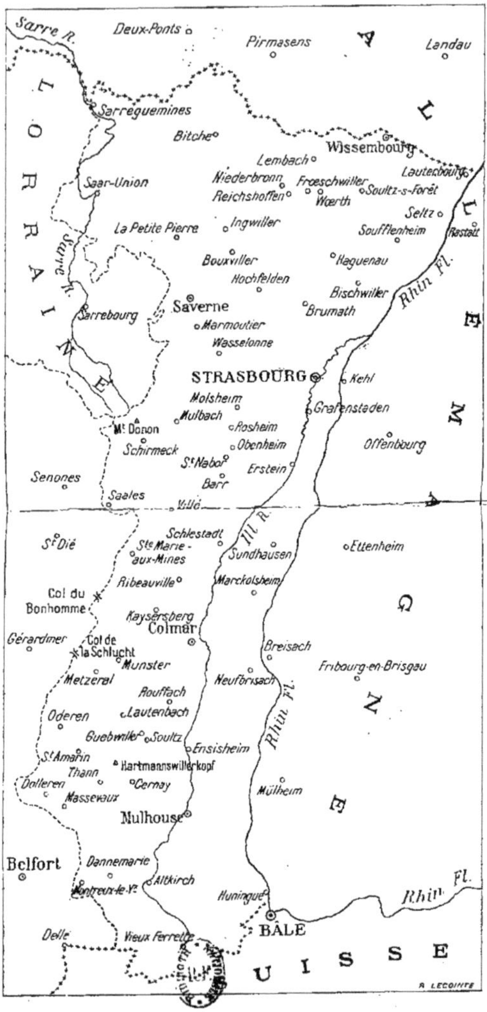

Sarre R.
Deux-Ponts
Pirmasens
Landau
ALLEMAGNE
LORRAINE
Sarreguemines
Bitche
Wissembourg
Lembach
Lauterbourg
Niederbronn
Frœschwiller
Reichshoffen
Wœrth
Soultz-s-Forêt
Saar-Union
Seltz
Rastatt
La Petite Pierre
Ingwiller
Soufflenheim
Sarre R.
Bouxviller
Haguenau
Hochfelden
Rhin Fl.
Bischwiller
Sarrebourg
Saverne
Brumath
Marmoutier
Wasselonne
STRASBOURG
Kehl
Molsheim
Grafenstaden
Mulbach
Mt Donon
Rosheim
Offenbourg
Obenheim
Schirmeck
St Nabor
Erstein
Senones
Barr
Saales
Villé
Schlestadt
St Dié
Ste Marie-aux-Mines
Ill R.
Sundhausen
Ettenheim
Ribeauvillé
Marckolsheim
Col du Bonhomme
Kaysersberg
Colmar
Gérardmer
Col de la Schlucht
Breisach
Munster
Fribourg-en-Brisgau
Metzeral
Neufbrisach
Rouffach
Rhin Fl.
Lautenbach
Oderen
Guebwiller
Soultz
Ensisheim
St Amarin
Hartmannswillerkopf
Thann
Cernay
Dolleren
Mülheim
Masevaux
Mulhouse
Belfort
Dannemarie
Montreux-le-Vx
Altkirch
Huningue
Rhin Fl.
BÂLE
Delle
Vieux Ferrette
SUISSE
A. LECOINTE

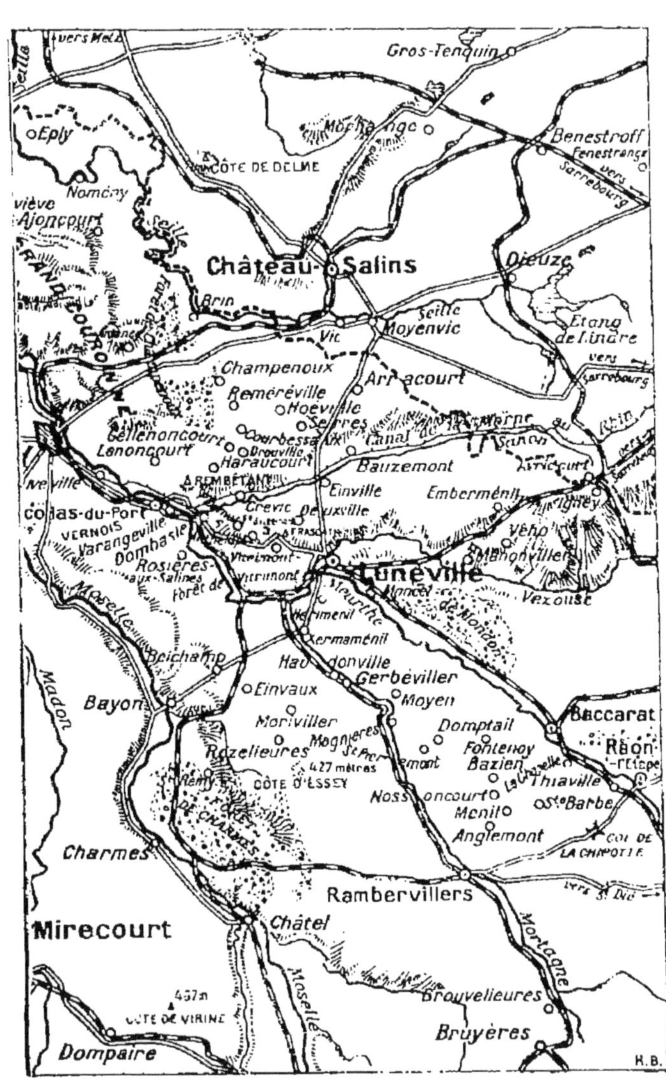

vers Metz
Gros-Tenquin
Morhange
Eply
Benestroff
Fenestrange
vers Sarrebourg
CÔTE DE DELME
Nomény
Ajoncourt
Seille
Château-Salins
Dieuze
Brin
Seille
Moyenvic
Vic
Etang de Lindre
Champenoux
Arracourt
vers Sarrebourg
Reméréville
Hoéville
Serres
Canal de la Marne au Rhin
Sanon
Lenoncourt
Drouville
Haraucourt
Bauzemont
Einville
Emberménil
Crevic
Deuxville
Varangeville
Dombasle
Rosières-aux-Salines
Lunéville
Vexouse
Moselle
Meurthe
Hériménil
Xermaménil
Haudonville
Gerbéviller
Bayon
Einvaux
Moyen
Madon
Moriviller
Magnières
Domptail
Baccarat
Raon-l'Etape
Rozelieures
427 mètres
CÔTE D'ESSEY
Fontenoy
Bazien
Thiaville
Nossoncourt
Menil
Ste Barbe
Anglemont
COL DE LA CHIPOTTE
Charmes
Rambervillers
Mirecourt
Châtel
Mortagne
Moselle
CÔTE DE VIRINE
Brouvelieures
Bruyères
Dompaire
H. B.

TABLE DES PLANCHES

TABLE DES MATIÈRES

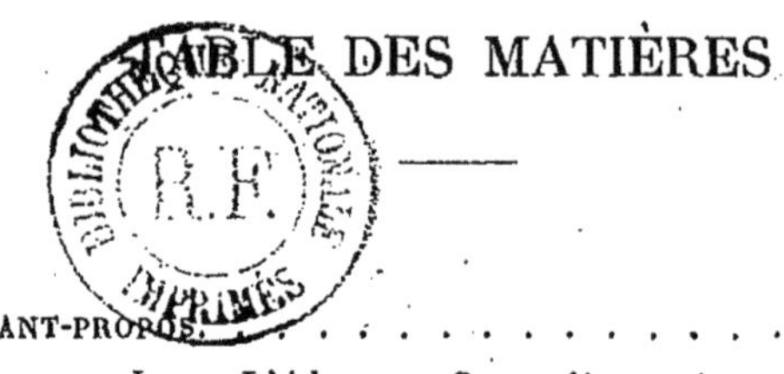

DEUX ŒUVRES INTÉRESSANTES

Deux œuvres méritent de retenir notre attention en Alsace : l'Association des combattants et celle des déportés.

La première s'est donné pour mission de soutenir les revendications et de subvenir aux besoins personnels des soldats alsaciens-lorrains qui ont combattu, comme volontaires, dans l'armée française. Il y en eut près de 23.000 L'administration a pourvu un certain nombre d'entre eux d'emplois civils. Les autres, parmi lesquels il y a des mutilés et des hommes dont la santé a été fortement atteinte par de longues campagnes dans le Sud-Tunisien, au Maroc et au Tonkin, trouvent difficilement à gagner leur vie. Tous avaient accepté avec joie, avec enthousiasme de porter l'uniforme français aux heures les plus tragiques de la guerre. Est-il juste que la France les abandonne? Ces braves ont mérité de la Patrie et puisque le budget, déjà si obéré, ne peut pas être mis à contribution pour assurer une existence sans soucis aux plus malheureux d'entre eux, ne serait-il pas souhaitable que la bienfaisance privée se substituât à l'Etat pour remplir vis-à-vis d'eux un devoir de solidarité national?

Les dons devront être adressés à *M. Robert Hensch, 8, rue Roesselmann, à Colmar*.

La situation embarrassée des déportés alsaciens-lorrains de la grande guerre est tout aussi intéressante. Environ 1.400 notables des deux provinces furent arrêtés, pendant la guerre, à cause de leurs sentiments francophiles, longtemps retenus en prison préventive et puis relégués dans des villes allemandes, où ils étaient soumis au contrôle journalier de la police. Plusieurs furent ruinés par cette longue épreuve. Tous eurent à subir des pertes considérables, par suite des frais d'entretien qui retombaient entièrement à leur charge. Il semble que le traité de paix n'ait pas prévu pour l'Allemagne l'obligation de réparer ces dommages. Et pourtant, en principe, à l'époque où elle croyait être victorieuse et pouvoir imposer aux puissances de l'Entente le paiement de toutes les indemnités de guerre, l'Allemagne avait reconnu en principe le droit des relégués à un dédommagement. Pour certains d'entre eux elle en avait même fixé le montant.

Sera-t-il possible, bien que le traité soit muet sur ce point, de contraindre le gouvernement de Berlin à régler ces indemnités? Si les négociations en cours ne donnent pas des résultats satisfaisants, la France se substituera-t-elle à l'Allemagne ? De toutes façons les négociations seront longues, et pourtant, en bien des cas, les besoins sont urgents. *M. Maurice Schaeffer, quai Koch, 14bis, à Strasbourg*, président de l'association, assurera la répartition des dons qui lui seront adressés pour ses compagnons d'infortune.

Il s'agit, en l'espèce, d'hommes qui ont souffert

dûrement pendant cinq années, parce que leurs sentiments français étaient connus. A ces amis dévoués, qui, aux jours les plus douloureux de l'épreuve, n'ont jamais désespéré de la victoire du droit, la France, toujours généreuse, doit de les mettre à l'abri du besoin.

La **Collection « La France Dévastée »**
paraît sous le patronage du Comité France-Amérique et du Touring-Club de France.

TOURING-CLUB DE FRANCE
65, avenue de la Grande-Armée, Paris.

Tout Français se doit de travailler à l'accroissement de la prospérité de notre pays *par le Tourisme.*

Tout Français doit s'inscrire comme membre du Touring-Club de France.

Nous étions 150.000 en 1914. Il faudra que nous soyons 500.000 en 1920.

Demain, T. C. F. voudra dire : Tout citoyen Français.

OFFICE NATIONAL DU TOURISME
17, rue de Surène, Paris.

L'Office national du Tourisme, rattaché au Ministère des Travaux publics, a pour mission de rechercher tous les moyens propres à développer le tourisme. Il provoque dans ce but toutes initiatives administratives et législatives et prend toutes mesures tendant à améliorer les conditions de transport, de circulation et de séjour des touristes. Il coordonne les efforts des groupements et industries touristiques. Il organise la propagande touristique à l'étranger.

COMITÉ FRANCE-AMÉRIQUE
82, avenue des Champs-Elysées, Paris.

Tout Français désireux de resserrer les liens qui unissent la France aux nations de l'Amérique du Nord et du Sud doit se faire inscrire comme souscripteur (6 fr.) ou comme adhérent (28 fr.) de *France-Amérique*, que préside M. Gabriel Hanotaux, de l'Académie française.

Les souscripteurs reçoivent la publication *l'Amérique* : les adhérents la revue mensuelle *France-Amérique*.

Le comité publie en outre une revue franco-anglaise illustrée qui paraît chaque mois sous le titre *France-États-Unis*.

NUMÉRO SPÉCIMEN SUR DEMANDE

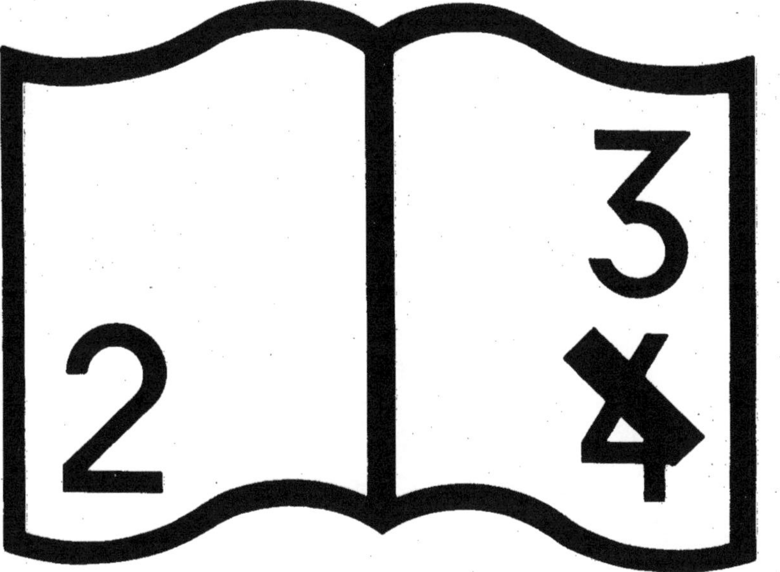

Pagination incorrecte — date incorrecte

NF Z 43-120-12

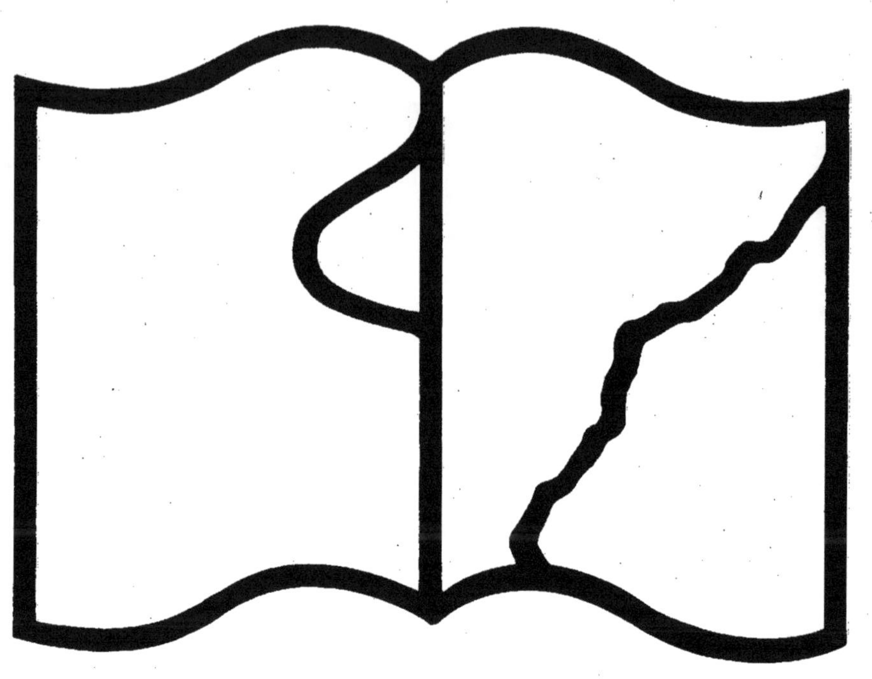

Texte détérioré — reliure défectueuse

NF Z 43-120-11

www.ingramcontent.com/pod-product-compliance
Ingram Content Group UK Ltd.
Pitfield, Milton Keynes, MK11 3LW, UK
UKHW012218240726
13966UKWH00003B/841

9 782012 943902